内容简介
INTRODUCTION

工伤保险作为我国社会保障体系的重要组成部分，不仅保障劳动者权益并提高劳动者的生产积极性，而且进一步分散了用人单位所承担的风险，促进了企业的安全生产，是维护社会稳定的重要法律制度。因此，加强工伤保险普法，对于保护劳动者合法权益、提升企业社会责任以及推动社会发展都具有深远意义。工伤保险法律知识是理解工伤保险制度的基础，也是工伤保险知识普及的核心内容。

本书是"工伤保险普法知识学习手册丛书"之一，以条理清晰的知识点全面广泛地介绍了工伤保险法律相关知识，前半部分从工伤保险基本概念和法律体系等方面介绍了工伤保险基本知识，后半部分从工伤保险的相关法律、法规、规章制度和标准规范4个层面介绍了工伤保险的制度内容。

本书基于法律条文及其权威解释，文字简洁明了，并配以原创漫画插图，使得内容更加生动直观。本书适用于各类用人单位的相关管理人员、工伤保险从业人员等读者群体。同时，也适用于广大职工群众普法宣传、培训，有助于提高他们对工伤保险法律的了解和知识储备。

目录
CONTENTS

第 1 章　工伤保险概述 /1

1. 工伤的定义 /1
2. 工伤保险的定义 /2
3. 工伤保险的作用 /2
4. 工伤保险的特点 /3
5. 工伤保险的原则 /5
6. 工伤保险的"三位一体"制度 /6
7. 工伤预防的内容与作用 /7
8. 工伤补偿的范围 /7
9. 工伤康复的作用与内容 /10

第 2 章　工伤保险基本概念 /13

10. 社会保险基本概念 /13
11. 工伤保险基金及费率相关概念 /15
12. 工伤预防相关概念 /16
13. 工伤认定相关概念 /17
14. 劳动能力鉴定相关概念 /18
15. 职业病诊断相关概念 /19

16. 工伤康复相关概念 /21

17. 工伤保险待遇相关概念 /22

18. 工伤保险服务管理相关概念 /24

第3章　工伤保险法律体系 /27

19. 我国工伤保险法治 /27

20. 工伤保险相关政策 /30

21. 工伤保险相关法律 /34

22. 工伤保险相关法规 /38

23. 工伤保险相关规章制度 /39

24. 工伤保险相关标准规范 /43

第4章　工伤保险相关法律 /47

25.《社会保险法》的立法沿革与立法宗旨 /47

26.《社会保险法》中关于工伤保险和社会保险基金的规定 /50

27.《职业病防治法》中关于职业病诊断与保障的规定 /55

28.《安全生产法》中关于工伤保险的规定 /58

29.《劳动合同法》中关于工伤保险的规定 /60

30.《劳动争议调解仲裁法》中关于工伤保险的规定 /62

31.《劳动法》中关于工伤保险的规定 /63

32.《工会法》中关于工伤保险的规定 /64

第5章　工伤保险相关法规 /67

33.《工伤保险条例》的立法地位与目的 /67

34.《工伤保险条例》中关于工伤保险基金的规定 /69

35.《工伤保险条例》中关于工伤认定的规定 /71

36. 《工伤保险条例》中关于工伤保险待遇的规定 /74

37. 《社会保险经办条例》中关于社会保险登记和关系转移的规定 /77

38. 《社会保险经办条例》中关于经办服务的规定 /79

39. 《使用有毒物品作业场所劳动保护条例》中关于职业健康监护的规定 /82

40. 《社会保险费征缴暂行条例》中关于社会保险费征缴的规定 /84

41. 《劳动保障监察条例》中关于工伤保险的规定 /86

第6章 工伤保险规章制度 /89

42. 特殊行业企业工伤保险费缴纳要求 /89

43. 工伤认定具体要求 /91

44. 职业病具体类别与目录 /94

45. 劳动能力鉴定具体要求 /98

46. 因工死亡职工供养亲属界定 /100

47. 非法用工单位一次性赔偿处理要求 /101

48. 社会保险基金先行支付情况与要求 /103

49. 辅助器具配置要求 /104

50. 工伤保险个人权益记录管理 /106

51. 工伤保险基金行政监督要求 /107

第7章 工伤保险相关标准规范 /111

52. 职工工伤与职业病致残判断依据 /111

53. 职工工伤与职业病致残等级定级原则 /113

54. 职业病诊断基本原则和通用要求 /114

55. 个体防护装备配备原则 /116

56. 工伤保险经办服务内容 /117

57. 社会保险网上经办服务内容 /122

58. 职工伤亡经济损失计算方法 /127

第1章
工伤保险概述

1. 工伤的定义

工伤,亦称职业伤害、工作伤害。"工伤"一词的规范化表述来自1921年国际劳工大会通过的公约,该公约认为,工作直接或间接引起的事故为工伤。1964年第48届国际劳工大会通过的公约规定工伤补偿应将职业病和上下班途中交通事故包括在内。

我国国家标准《社会保险术语 第5部分:工伤保险》(GB/T 31596.5—2015)将"工伤"定义为"职工因工作遭受事故伤害或患职业病"。

2. 工伤保险的定义

工伤保险是国家立法实施的，通过用人单位缴费筹资形成基金，对职工因工作原因遭受事故伤害或患职业病的，给予职工本人及其近亲属相应待遇的一项社会保险制度。

早期的工伤保险实际上是"工伤赔偿"，即职工因工导致伤残、疾病或死亡时，对职工本人或其供养亲属给予经济赔偿和提供物质帮助的一种社会保险制度。随着社会的发展，工伤保险的功能不断完善。现代意义上的工伤保险，不仅包括保障因工作遭受事故伤害或患职业病的职工获得医疗救治和经济补偿，而且包括促进企业安全生产，降低企业工伤事故及职业病发生率，并通过现代康复手段，使工伤职工尽快恢复劳动能力，促进其回归社会，即建立并形成工伤预防、工伤补偿、工伤康复"三位一体"的制度体系。

3. 工伤保险的作用

工伤保险是社会保险制度的重要组成部分，对于保障工伤职工的合法权益，促进工伤预防与安全生产，分散用人单位的工伤风险，维护社会安定具有重要作用。

（1）保障工伤职工的合法权益

为工伤职工提供必要的医疗救助和经济补偿，是建立健全工伤保险制度的主要目的之一。建立社会共济的工伤保险制度，有利于保障工伤职工得到及时治疗、康复，使工伤职工和工亡职工近亲属的基本生活得到保障，从而保障工伤职工的合法权益。

（2）促进工伤预防与安全生产

我国的工伤保险制度已逐步形成工伤预防、工伤补偿、工伤康复"三位一体"的制度体系，并且对工伤预防、工伤康复等的关注程度不断提高。通过实行行业差别费率和用人单位浮动费率机制，以及在工伤保险基金中列支工伤预防费等措施，促进用人单位加强工伤预防工作，减少工伤事故和职业病的发生率，从而保护职工的生命安全和身体健康。

（3）分散用人单位的工伤风险

社会保险的基本宗旨就是分散风险。建立工伤保险制度就是要通过工伤保险基金的互助互济功能，分散用人单位的工伤风险，避免用人单位在职工发生工伤事故后不堪重负，也避免工伤职工的合法权益得不到保障。同时，通过工伤保险的社会化管理服务，可以解决用人单位社会负担重的问题，使其能够全力参与市场竞争。

4. 工伤保险的特点

工伤保险作为社会保险制度的重要组成部分，具有4个突出的基本特点，分别是强制性、非营利性、保障性和互助互济性。

（1）强制性

工伤保险是国家通过立法形式强制规定适用范围的保险类型。国家通过法律法规明确规定所有用人单位和职工必须参加工伤保险。

（2）非营利性

工伤保险的设立初衷是履行社会责任，保障工伤职工的基本生活和健康权益，而不是为了营利。依法参加工伤保险是用人单位应当履行的责任，也是职工应该享有的基本权利。

（3）保障性

在职工发生工伤事故后，对工伤职工或工亡职工近亲属发放工伤保险待遇，保障其生活。

（4）互助互济性

工伤保险通过强制征收保险费，建立工伤保险基金，并在人员之间、地区之间、行业之间实行再分配，调剂使用工伤保险基金。

5. 工伤保险的原则

工伤保险作为社会保险最早产生的险种,经过多年的发展和完善,已形成了一些国际上普遍认同的基本理念和主要原则,主要有以下 6 个方面。

(1)强制性原则

国家通过立法,强制用人单位对职工的事故伤害和职业病负责,实行基金统筹模式,要求用人单位为全体职工参保缴费。世界上凡是实行工伤保险制度的国家,都是由国家或政府颁布法律法规强制实施的。

(2)无过错补偿原则

无过错补偿原则又称补偿不究过失原则,即职工受到工伤事故伤害后,不管工伤过错在谁,工伤职工均可获得经济补偿,以保障其得到及时的救治和基本生活保障。无过错补偿原则并不妨碍有关部门对事故责任人的追究,以防止此类事故重复发生。

(3)职工个人不缴费原则

工伤保险费全部由用人单位缴纳,职工个人不缴费,这是工伤保险与基本养老保险、基本医疗保险等其他社会保险的主要区别之一,并已在国际上达成共识。

(4)实行行业差别费率和行业内费率档次原则

工伤保险产生和发展的过程,也是不断促进工伤预防、减少工伤事故的过程。工伤保险对工伤预防的促进作用,主要通过行业差别费率和行业内费率档次来体现,即工伤保险费率与行业或职业风险程度、用人单位工伤保险费使用、工伤发生率相关。工伤保险的行业差别费率和行业内费率档次机制也是工伤保险有别于其他社会保险的重要特征之一。

（5）工伤预防、工伤补偿和工伤康复相结合的原则

工伤预防、工伤补偿和工伤康复三者是密切相关的，构成了工伤保险制度的三个支柱。工伤预防是工伤保险制度的重要内容，工伤保险制度致力于采取各项措施，减少或预防工伤事故。工伤事故发生后，及时对工伤职工予以医治并给予经济补偿，使工伤职工本人或其近亲属的生活得到一定保障，是工伤保险制度的基本功能。同时，要及时对工伤职工进行医学康复和职业康复，使其尽可能恢复或部分恢复生活能力和劳动能力，进而具备从事某种职业的能力，这是工伤保险制度为伤残职工提供的良好保障。

（6）一次性补偿与长期补偿相结合原则

对工伤职工或工亡职工近亲属，工伤保险待遇实行一次性补偿与长期补偿相结合的办法。例如，对一级至六级伤残的工伤职工、工亡职工近亲属，工伤保险基金一般在支付一次性补偿的同时，还按月支付长期补偿。这种一次性补偿与长期补偿相结合的办法，可以长期、有效地保障工伤职工及工亡职工近亲属的基本生活。这也是工伤保险不同于其他保险（如商业保险）的重要特征之一。

6. 工伤保险的"三位一体"制度

《工伤保险条例》由 2003 年 4 月 27 日中华人民共和国国务院令第 375 号公布，根据 2010 年 12 月 20 日《国务院关于修改〈工伤保险条例〉的决定》修订。修订后的《工伤保险条例》对工伤预防、工

伤康复费用作出了制度安排，使工伤预防、工伤补偿、工伤康复"三位一体"的制度框架最终形成，使我国的工伤保险制度在注重工伤补偿的同时，强化事前的积极预防和事后的职业康复，进而从根本上保障职工的合法权益。

7. 工伤预防的内容与作用

工伤预防是指为避免与降低工伤风险所采取的宣传和培训等手段和措施。工伤风险是指在工作过程中工伤发生的概率和造成危害的程度。

工伤预防是建立健全工伤预防、工伤补偿、工伤康复"三位一体"工伤保险制度的重要内容。开展工伤预防，可以促进安全生产，避免和减少事故伤害和职业病的发生，有效保障职工的生命安全和身体健康；可以减少经济损失，有效控制工伤保险基金支出；可以减少企业内部不安全的管理和技术因素，提升企业竞争力，促进企业稳定发展乃至社会稳定。此外，将工伤预防作为工伤保险优先事项，采取一切适当的手段组织推进，切实提升职工工伤预防意识和能力，能够促进职工实现稳定就业，促进经济社会持续健康发展，实现从"要我预防"到"我要预防""我会预防"的转变。

8. 工伤补偿的范围

职工因工作原因受到事故伤害或者患职业病，且经工伤认定的，享受工伤保险待遇；其中，经劳动能力鉴定丧失劳动能力的，享受伤残待遇。

（1）工伤保险基金补偿

职工因工伤发生的下列费用，依法从工伤保险基金中支付：

1）治疗工伤的医疗费用和康复费用；

2）住院伙食补助费；

3）到统筹地区以外就医的交通食宿费；

4）安装配置伤残辅助器具所需费用；

5）生活不能自理的，经劳动能力鉴定委员会确认的生活护理费；

6）一次性伤残补助金和一级至四级伤残职工按月领取的伤残津贴；

7）终止或者解除劳动合同时，应当享受的一次性工伤医疗补助金；

8）因工死亡的，其近亲属领取的丧葬补助金、供养亲属抚恤金和一次性工亡补助金；

9）劳动能力鉴定费。

（2）用人单位补偿

因工伤发生的下列费用，依法由用人单位支付：

1）治疗工伤期间的工资福利；

2）五级、六级伤残职工按月领取的伤残津贴；

3）终止或者解除劳动合同时，应当享受的一次性伤残就业补助金。

生活不能自理的工伤职工在停工留薪期需要护理的，由所在单位负责。

第1章 工伤保险概述

❓ 疑难解答

承诺放弃社会保险,还能享受工伤保险待遇吗?

案例:某职工在入职时签署了自愿放弃缴纳"五险一金"承诺书。该职工在某次长途出差途中,发生交通事故,严重受伤,交警判定该职工无责任。公司依据该职工入职时签署的自愿放弃缴纳"五险一金"承诺书,坚决不承担后果。

根据《工伤保险条例》第二条,中华人民共和国境内的企业、事业单位、社会团体、民办非企业单位、基金会、律师事务所、会计师事务所等组织和有雇工的个体工商户(以下称用人单位)应当依照本条例规定参加工伤保险,为本单位全部职工或者雇工(以下称职工)缴纳工伤保险费。职工均有依照《工伤保险条例》的规定享受工伤保险待遇的权利。

9

用人单位参加工伤保险是为了保障职工在发生工伤时，能依法从国家和社会获得物质帮助，也是法律法规明确规定用人单位应履行的义务，并不能由用人单位和职工协商决定放弃或免除。

工伤保险是社会保险之一，不同于商业保险，属于国家强制性的保险。根据《中华人民共和国劳动法》（以下简称《劳动法》）第七十二条，用人单位和劳动者必须依法参加社会保险，缴纳社会保险费。根据《中华人民共和国社会保险法》（以下简称《社会保险法》）第六十条，用人单位应当自行申报、按时足额缴纳社会保险费，非因不可抗力等法定事由不得缓缴、减免。

因此，本案例中该职工的自愿放弃缴纳"五险一金"承诺书是无效的。故而，该公司不能免除事故中应承担的工伤保险责任。

9. 工伤康复的作用与内容

工伤康复是在工伤保险制度框架下，利用现代康复理论和技术，为工伤职工提供康复服务，最大限度地改善和提高其生理功能和职业劳动能力，促进其回归社会和重返工作岗位。

工伤康复服务的内容包括生理康复、心理康复、职业康复和社会康复等，具体如下：及早发现、诊断与处理；心理及其他方面的咨询和协助；进行自理训练，包括行动、交往及日常生活技能，并为运动、听觉、视觉功能受损者提供所需的特殊器材；提供辅助器械、行动工具及其他设备；专门教育服务；职业技能训练（包括职业指导）、职业培训、保护性的就业安置等。

📖 **拓展阅读**

工伤康复业务流程如图 1-1 所示。

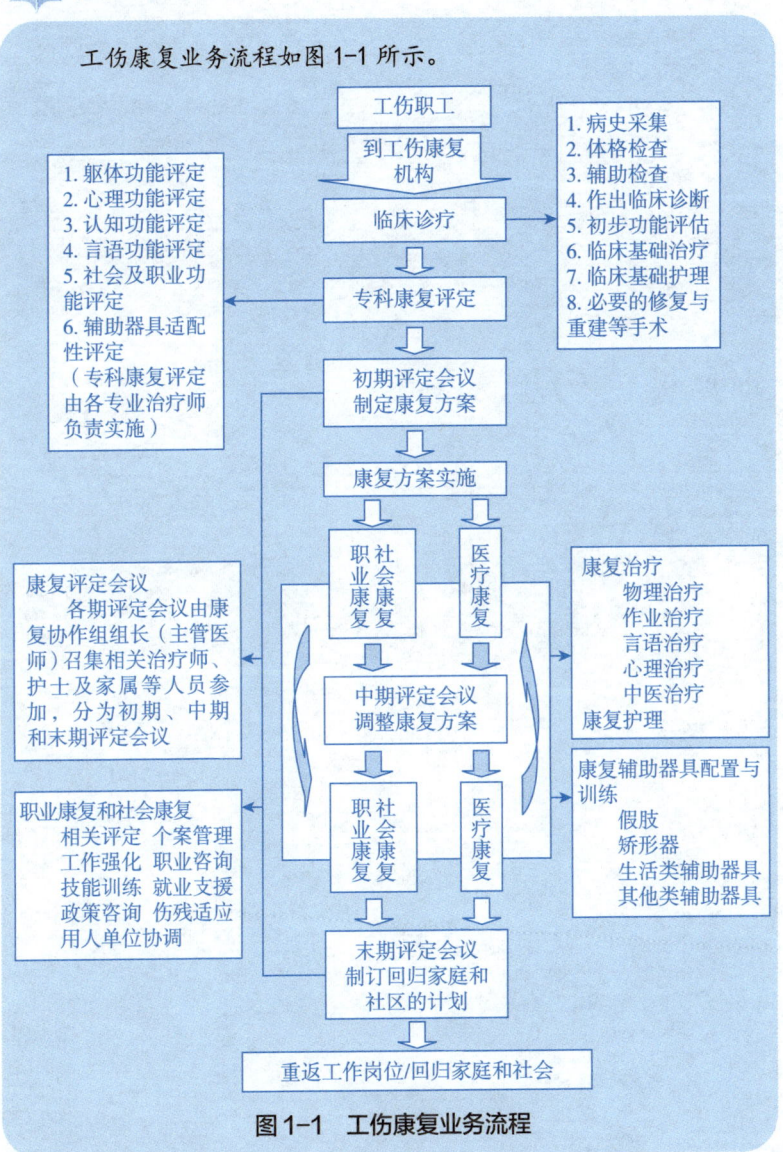

图 1-1 工伤康复业务流程

第2章 工伤保险基本概念

10. 社会保险基本概念

社会保险是指通过国家立法形式,多渠道筹集资金,对参保人在年老、疾病、工伤、失业、生育等情况下依法提供物质帮助,使其享有基本生活保障的一项社会保障制度。社会保险包括基本养老保险、基本医疗保险、工伤保险、失业保险、生育保险等。

(1)基本养老保险

基本养老保险是指国家立法实施的,通过参保人、用人单位和政府等多方筹资形成基金,对参保并缴纳费用、达到待遇领取条件者依法提供物质帮助,在其因年老而退出劳动后,享有基本生活保障的一项社会保险制度。

（2）基本医疗保险

基本医疗保险是指国家立法实施的，通过参保人、用人单位和政府等多方筹资形成基金，对参保人因患病而就医诊疗时提供资金支持，以保障其享有基本医疗服务的一项社会保险制度。

（3）工伤保险

工伤保险是指国家立法实施的，通过用人单位筹资形成基金，对职工因工作原因遭受事故伤害或者患职业病的，给予职工及其近亲属相应待遇的一项社会保险制度。

（4）失业保险

失业保险是指国家立法实施的，通过参保人、用人单位等筹资形成基金，对因失业而暂时失去工资收入的参保人提供物质帮助，以保障其基本生活，维持劳动力再生产，为其重新就业创造条件的一项社会保险制度。

（5）生育保险

生育保险是指国家立法实施的，通过用人单位等筹资形成基金，在参保人因生育和计划生育时，按规定给予其经济补偿和保障其基本医疗需求的一项社会保险制度。

11. 工伤保险基金及费率相关概念

工伤保险基金是国家为实施工伤保险制度，通过法定程序建立的用于特定目的的专项资金。稳定充足的工伤保险基金是保障工伤保险制度顺利实施的基本条件。

（1）工伤保险基金

工伤保险基金是指按照法律规定，由用人单位缴纳的工伤保险费及其利息收入，以及其他依法纳入的资金汇集而成的，用于支付工伤保险待遇及其他相关支出的专项资金。

（2）工伤保险费率

工伤保险费率是指依据相关法律法规确定的用人单位参加工伤保险的缴费比率。

（3）工伤保险支缴率

工伤保险支缴率是指一定时期内，工伤保险基金为用人单位支付工伤保险待遇与该单位缴纳的工伤保险费的比率。

（4）工伤保险储备金

工伤保险储备金是指统筹地区按照规定从工伤保险基金中提取，用于支付重大事故等工伤保险待遇的备用资金。

（5）工伤保险基金支出

工伤保险基金支出是指用于职工工伤保险待遇，劳动能力鉴定，工伤预防的宣传、培训等费用，以及法律、法规规定的用于工伤保险其他费用的支出。

 拓展阅读

《工伤保险条例》实施后，随着工伤保险参保人数的不断增加，工伤保险基金收支规模不断扩大，工伤保险基金的保障能力稳步增强。2023年，全国工伤保险基金收入1 212亿元，是2004年的20.9倍；基金支出1 237亿元，是2004年的37.5倍。工伤保险基金管理运行平稳，切实保障了工伤职工的工伤保险权益，为实施工伤预防、工伤补偿、工伤康复"三位一体"的工伤保险制度奠定了坚实基础。

12. 工伤预防相关概念

工伤预防是工伤保险制度的重要内容，是积极的、优先的工伤保险政策。工伤预防是运用工伤预防方法或技术手段降低工伤事故发生率，保障职工健康和安全，促进企业稳定发展，减少经济损失，维护社会和谐稳定的有效手段。

（1）工伤风险

工伤风险是指在工作过程中工伤发生的概率和造成危害的程度。

（2）工伤发生率

工伤发生率是指在一定时期内，用人单位（或统筹地区）发生工伤的人次数占职工总人数的比率。

（3）工伤预防

工伤预防是指避免与降低工伤风险所采取的宣传和培训等手段和

措施。

有研究表明，98%以上的工伤事故可以通过管理和技术手段避免，因此，加强工伤预防工作十分重要。工伤预防就是采取管理和技术手段等方面的措施，以期从源头上减少和避免事故和职业病的发生，最终实现"零工伤"的目标。工伤预防对于促进安全生产、保护职工的安全和健康至关重要。

13. 工伤认定相关概念

工伤认定是工伤保险的重要内容，也是职工依法享受工伤保险待遇的必经环节。社会保险行政部门依法作出的工伤认定结论不仅与劳动关系双方的切身利益密切相关，而且对工伤保险基金的安全与完整产生直接影响。

（1）工伤认定

工伤认定是指社会保险行政部门依法认定职工所受伤害是否属于工伤的行政行为。

（2）工伤认定申请受理

工伤认定申请受理是指社会保险行政部门对工伤认定申请人提交的认定申请材料进行审查确认，决定是否受理的行政行为。

（3）工伤认定申请时限

工伤认定申请时限是指法律规定的工伤认定申请人提出工伤认定申请的有效期限。

（4）工伤认定时限

工伤认定时限是指社会保险行政部门作出工伤认定决定的法定期限。

（5）工伤认定决定时限中止

工伤认定决定时限中止是指社会保险行政部门受理工伤认定申请后，在出现法定情形下做出的中止认定时限的行政行为。

14. 劳动能力鉴定相关概念

劳动能力是职工进行相关职业活动的能力。劳动能力鉴定是职工享受相关待遇的重要依据，是防范基金风险的重要环节。

（1）劳动能力鉴定

劳动能力鉴定是指劳动能力鉴定委员会依据国家制定的劳动能力鉴定标准对工伤职工的劳动功能障碍程度和生活自理障碍程度作出的技术性鉴定结论。

（2）劳动功能障碍程度

劳动功能障碍程度即伤残等级，是指劳动能力鉴定委员会根据国家制定的劳动能力鉴定标准，确定工伤职工所受伤害的伤残程度。

第 2 章　工伤保险基本概念

（3）生活自理障碍程度

生活自理障碍程度是指劳动能力鉴定委员会根据国家制定的劳动能力鉴定标准，确定工伤职工生活自理能力受到伤害的程度。

（4）辅助器具配置确认

辅助器具配置确认是指劳动能力鉴定委员会根据有关规定，确认工伤职工是否应配置辅助器具的程序。

（5）劳动能力鉴定期限

劳动能力鉴定期限是指劳动能力鉴定委员会依法评定工伤职工伤残等级的时限。

15. 职业病诊断相关概念

职业病是企业、事业单位和个体经济组织等用人单位的劳动者在职业活动中，因接触粉尘、放射性物质和其他有毒、有害因素而引起的疾病。

（1）职业病诊断

职业病诊断是指具有职业病诊断资质的医疗卫生机构，根据《中华人民共和国职业病防治法》（以下简称《职业病防治法》）《职业病诊断与鉴定管理办法》的有关规定及《职业病分类和目录》、国家职业病诊断标准，依据劳动者的职业史、职业病危害接触史和工作场所职业病危害因素情况、临床表现以及辅助检查结果等，综合分析其疾病的特征和发展变化是否符合相应的职业病特征、发生发展规律和流行病学规律，对接触职业病危害因素的劳动者作出是否患有职业病的诊断结论。

（2）职业病诊断证明书

职业病诊断证明书是指职业病诊断机构依法向劳动者、用人单位出具的职业病诊断证明文件。

（3）职业病诊断鉴定

劳动者或用人单位对职业病诊断有异议时，可以在接到职业病诊断证明书之日起30日内，向作出诊断结论的诊断机构所在地设区的市级卫生健康主管部门申请鉴定。设区的市级以上卫生健康主管部门根据当事人的申请组织职业病诊断鉴定委员会进行鉴定。

劳动者或用人单位对设区的市级职业病诊断鉴定委员会的鉴定结论不服的，可以在接到职业病诊断鉴定书之日起15日内，向原鉴定组织所在地省级卫生健康主管部门申请再鉴定。省级鉴定为最终鉴定。

（4）职业病诊断鉴定书

职业病诊断鉴定书是指职业病诊断鉴定委员会依法向申请职业病鉴定的当事人出具的职业病诊断鉴定结果证明文件。

（5）职业病诊断标准

职业病诊断标准是指国家有关部门颁发的具有法律意义的职业病诊断技术标准。

（6）职业病诊断分级标准

职业病诊断分级标准是指在职业病诊断标准中，作为反映疾病严重程度分级的临床及实验室指标。

（7）职业病诊断指标

职业病诊断指标是指在职业病诊断标准中，作为职业病诊断依据的症状、体征和实验室检查的特异或非特异性指标。

16. 工伤康复相关概念

工伤康复在工伤保险制度中占据重要地位，对于推动工伤职工重新融入社会、重返工作岗位以及实现有尊严的生活具有重大意义。

（1）工伤康复

工伤康复是指综合、协调地应用医疗的、工程的、教育的、职业的、心理的、社会的以及其他措施，对工伤职工进行治疗、辅助、训练、辅导、补偿、提高，恢复工伤职工的身体功能、生活自理能力和职业劳动能力，以消除或者减轻工伤造成的后果，改善工伤职工参与劳动、就业等社会生产、生活的自身条件的过程。

（2）工伤医疗康复

工伤医疗康复是指运用各种临床诊疗和康复治疗的手段，改善和提高工伤职工的身体功能和生活自理能力的过程。

（3）工伤职业康复

工伤职业康复是指通过职业康复评估与专业技能学习和训练，使工伤残疾职工恢复并达到一定劳动能力的过程。

17. 工伤保险待遇相关概念

工伤保险待遇是指职工因工作遭受事故伤害或者患职业病后，获得医疗救治和经济补偿的一种社会保障。经工伤认定的工伤职工，享受工伤保险待遇。

（1）工伤保险待遇享受条件

《社会保险法》第三十六条规定，职工因工作原因受到事故伤害或者患职业病，且经工伤认定的，享受工伤保险待遇；其中，经劳动能力鉴定丧失劳动能力的，享受伤残待遇。

（2）工伤医疗（康复）待遇

工伤医疗（康复）待遇是指工伤职工进行治疗（康复）期间所享受的工伤医疗待遇总和。

1）工伤医疗费：工伤职工在抢救治疗以及职业病的治疗过程中，符合规定范围内的医疗费用。

2）工伤康复费：工伤职工在工伤保险协议康复机构康复过程中，符合规定范围内的费用。

3）住院伙食补助费：工伤职工在住院治疗、住院康复期间按规定享受的伙食补助。

4）交通食宿费：工伤职工经批准到统筹地区以外治疗工伤，按规定标准享受的交通、食宿费用。

5）停工留薪期：工伤职工暂时停止工作进行治疗并享受有关工伤保险待遇的期限。

（3）因工伤残待遇

因工伤残待遇是指工伤职工经劳动能力鉴定委员会确认伤残等级后，根据规定享受的相关工伤保险待遇。

1）一次性伤残补助金：工伤职工依据伤残等级享受的一次性职业伤害补偿费用。

2）伤残津贴：工伤职工达到国家规定的相应伤残等级时按月领取的津贴。

3）生活护理费：工伤职工经劳动能力鉴定委员会确认达到生活护理标准并确定等级，根据相关规定按月领取的费用。

4）配置辅助器具待遇：为帮助工伤职工提高身体功能，工伤职工经劳动能力鉴定委员会确认后，到工伤保险协议辅助器具配置机构，按规定配置辅助器具的待遇。

5）一次性工伤医疗补助金：工伤职工在解除或者终止劳动关系时，按不同伤残等级享受的一次性医疗补助费用。

6）一次性伤残就业补助金：工伤职工在解除或者终止劳动关系时，按不同伤残等级享受的一次性再就业补助费用。

（4）工亡待遇

工亡待遇是指职工因工死亡后，其近亲属按国家规定享受的包括丧葬补助金、一次性工亡补助金和供养亲属抚恤金等工伤保险待遇。

1）丧葬补助金：职工因工死亡，其近亲属按国家规定享受的丧葬费用补助。

2）一次性工亡补助金：职工因工死亡后，其近亲属按照国家规定领取的一次性费用补偿。

3）供养亲属抚恤金：职工因工死亡，依靠工亡职工生前提供主要生活来源、无劳动能力的近亲属，按照规定领取的生活补助费用。

18. 工伤保险服务管理相关概念

做好工伤保险服务管理工作，有利于保障工伤职工依法享有相关服务的权益，从而促进我国工伤保险事业发展。

（1）工伤保险经办机构

工伤保险经办机构是指统筹地区依法设立的经办工伤保险具体事务的组织机构。

（2）劳动能力鉴定委员会

劳动能力鉴定委员会是指负责组织对工伤职工劳动功能障碍程度和生活自理障碍程度等进行鉴定并作出鉴定结论的专门组织。

（3）工伤保险协议管理

工伤保险协议管理是指工伤保险经办机构通过与相关机构签订协

议为工伤职工提供服务的管理方式。

1）工伤保险服务协议：工伤保险经办机构与医疗机构、康复机构、辅助器具配置等机构签订的，用于规范双方权利义务以及违约处理等办法的专门合约。

2）工伤保险协议医疗机构：与工伤保险经办机构签订工伤保险服务协议，为工伤职工提供医疗服务的医疗机构。

3）工伤保险协议康复机构：与工伤保险经办机构签订工伤保险服务协议，为工伤职工提供康复服务的康复机构。

4）工伤保险协议辅助器具配置机构：与工伤保险经办机构签订工伤保险服务协议，为工伤职工提供辅助器具配置的机构。

（4）工伤保险待遇管理

工伤保险待遇管理是指工伤保险经办机构按照规定对工伤职工及其近亲属享受工伤保险待遇的资格进行管理的行为。

1）享受工伤保险待遇资格核定：工伤保险经办机构依法对工伤职工及其近亲属享受工伤保险待遇的资格进行核准的行为。

2）工伤保险待遇核定：工伤保险经办机构依法对工伤职工的伤残待遇、医疗（康复）待遇等及其近亲属享受的工亡待遇等工伤待遇进行核准以及对工伤保险待遇调整审核的行为。

3）工伤医疗费用审核：工伤保险经办机构依法对工伤职工发生的医疗费用核准的行为。

4）工伤康复费用审核：工伤保险经办机构依法对工伤职工发生的康复费用核准的行为。

5）工伤保险药品目录：保证工伤职工救治、康复需要，由工伤保险基金支付费用的药品范围。

6）工伤保险诊疗项目目录：保证工伤职工救治、康复需要，由工伤保险基金支付费用的诊疗项目和医用耗材的范围。

7）工伤康复服务项目目录：保证工伤职工康复需要，由工伤保险基金支付费用的康复服务项目及范围。

8）工伤保险辅助器具目录：保证工伤职工日常生活或者就业需要，由工伤保险基金支付费用的辅助器具项目和辅助器具耗材范围。

9）工伤保险住院服务标准：保证工伤职工接受治疗、康复需要，由工伤保险基金支付的服务以及服务设施的费用支付标准。

第3章 工伤保险法律体系

19. 我国工伤保险法治

（1）发展历史

我国工伤保险制度是在中华人民共和国成立后，国民经济恢复与发展过程中逐步建立起来的；工伤保险制度的改革则是在我国由计划经济体制向市场经济体制转变中逐步深入的。我国工伤保险制度的建立和发展经历了3个阶段。

1）工伤保险制度的建立时期。1951年2月26日，中央人民政府政务院颁布了《中华人民共和国劳动保险条例》，这是我国第一部包括养老、工伤、生育等保险项目在内的全国性统一法规，也是我国实

施社会保障制度的起点。1953年1月2日，政务院修正并重新公布了《中华人民共和国劳动保险条例》，其中对工伤保险等问题作了较为详细的规定。

与此同时，国家机关、事业单位的保险制度也以单项法规的形式逐步建立。1950年12月11日，内务部公布了《革命工作人员伤亡褒恤暂行条例》，规定了伤残死亡待遇。1957年2月28日，卫生部颁布了《职业病范围和职业病患者处理办法的规定》，首次将职业病列入工伤补偿的范围。

2）工伤保险制度的停滞时期。1966—1976年，《中华人民共和国劳动保险条例》受到了否定，"社会保险"退化为"企业保险"。这一时期负责企业职工社会保险管理的中华全国总工会被停止活动。1969年2月，财政部发布《关于国营企业财务工作中几项制度的改革意见（草案）》，规定"国营企业一律停止提取劳动保险金"，并将"企业的退休职工、长期病号工资和其他劳保开支，改在营业外列支"。

3）工伤保险制度的恢复和重建时期。1978年12月，党的十一届三中全会召开，我国各项事业进入正常的发展轨道，劳动保险制度的重建工作也被提上了议事日程。1984年以后，我国经济体制改革进入了以城市为重点、以搞活企业为中心的阶段。1987年11月5日，卫生部、劳动人事部、财政部、中华全国总工会颁布了《职业病范围和职业病患者处理办法的规定》。1988年，劳动部主持研究社会保险改革方案。1989年开始，各地先后开展工伤保险试点改革，并取得了初步成果。1991年4月9日，第七届全国人民代表大会第四次会议批准了《中华人民共和国国民经济和社会发展十年规划和第八个五年计划纲要》。1993年，党的十四届三中全会通过《中共中央关于建立社会主义市场经济体制若干问题的决定》。1995年,《中华人民共和国劳动法》(以下简称《劳动法》)施行,进一步明确了建立包括工伤保险在内的社会保险制度。1996年,国家出台了《企业职工工伤保险试行办法》及《职工工伤与职业病致残程度鉴定》(GB/T 16180—1996)。

2003年4月,国务院颁布了《工伤保险条例》。2003年9月,劳动和社会保障部颁布了《工伤认定办法》《因工死亡职工供养亲属范围规定》《非法用工单位伤亡人员一次性赔偿办法》等一系列与《工伤保险条例》相配套的部门规章。2004年,《关于农民工参加工伤保险有关问题的通知》出台,2006年,《国务院关于解决农民工问题的若干意见》《关于实施农民工"平安计划"加快推进农民工参加工伤保险工作的通知》出台,要求用3年的时间,将建筑业、矿山等高风险行业的农民工纳入工伤保险制度中。2010年,国务院修订了《工伤保险条例》。2011年,《社会保险法》施行并在2018年进行了修订。

(2)法律法规体系

近年来,工伤保险工作以贯彻落实《社会保险法》和《工伤保险条例》为主线,完善政策,扩大覆盖面,提高保障能力和水平,各项工作取得明显进展。经过多年发展,工伤保险法律法规体系逐步完善如下:法律如《社会保险法》《中华人民共和国安全生产法》(以下简称《安全生产法》)等;行政法规和地方性法规,如《工伤保险条例》等;部门规章和地方政府规章,如《部分行业企业工伤保险费缴纳办法》等;有关的标准或管理办法,如《劳动能力鉴定 职工工伤与职业病致残等级》(GB/T 16180—2014)等。

党的十八大以来,我国工伤保险事业成绩斐然。工伤保险制度覆盖范围进一步扩大，统筹层次进一步提高，逐步实现省级统筹，"三位一体"制度体系进一步健全，一张保障职工安全的"防护网"已经形成。近年来，我国不断完善工伤保险制度和职业伤害保障政策举措，开展工伤预防试点工作，建立工伤康复平台，探索新就业形态就业人员职业伤害保障制度，群众获得感进一步提升。

 拓展阅读

> 回顾我国工伤保险的发展历程，从1951年出台《中华人民共和国劳动保险条例》到2003年出台《工伤保险条例》，工伤保险制度的建立和改革都与当时的社会经济发展状况紧密相连，尤其是与工业化快速发展、职业安全事故风险上升、工伤与职业病问题严重程度密切相关。总结我国工伤保险发展的历史经验，是为了更好地从我国国情出发，不断与时俱进，改革完善工伤保险制度，使之作为我国工业化、城镇化发展中"安全网"的功能得到有效发挥，促进实现健康中国的宏伟目标。

20. 工伤保险相关政策

近年来，我国出台了大量关于工伤保险的政策文件，旨在全面保障工伤职工的合法权益，为其提供必要的医疗和生活保障，同时注重工伤保险基金的可持续性和公平性。

为解决《工伤保险条例》实施过程中的若干问题，国务院及其相关部门出台了一些政策文件，如《关于实施〈工伤保险条例〉若干问题的意见》《人力资源社会保障部关于执行〈工伤保险条例〉若干问

题的意见》《人力资源社会保障部关于执行〈工伤保险条例〉若干问题的意见（二）》等。

（1）工伤保险参保

针对农民工、铁路企业、中央企业、事业单位、建筑业、各行业建筑项目、基层快递网点等参加工伤保险的问题，出台了相关政策文件，包括《关于农民工参加工伤保险有关问题的通知》《关于铁路企业参加工伤保险有关问题的通知》《关于贯彻〈安全生产许可证条例〉做好企业参加工伤保险有关工作的通知》《关于进一步做好中央企业工伤保险工作有关问题的通知》《关于进一步做好事业单位等参加工伤保险工作有关问题的通知》《人力资源社会保障部办公厅关于开展建筑业"同舟计划"——建筑业工伤保险专项扩面行动计划的通知》《人力资源社会保障部办公厅　国家邮政局办公室关于推进基层快递网点优先参加工伤保险工作的通知》等。

（2）工伤保险费率

针对降低社会保险费率、加强基金管理、落实《降低社会保险费率综合方案》、社会保险缴费、阶段性降低工伤保险费率等相关问题，出台了相关政策文件，包括《国务院办公厅关于印发降低社会保险费率综合方案的通知》《人力资源社会保障部　财政部关于调整工伤保险费率政策的通知》《人力资源社会保障部　财政部关于做好工伤保险费率调整工作　进一步加强基金管理的指导意见》《人力资源社会保障部　财政部　税务总局　国家医保局关于贯彻落实〈降低社会保险费率综合方案〉的通知》《人力资源社会保障部　财政部　税务总局关于阶段性减免企业社会保险费的通知》《人力资源社会保障部办公厅　国家税务总局办公厅关于特困行业阶段性实施缓缴企业社会保险费政策的通知》《人力资源社会保障部 财政部 国家税务总局关于阶段性降低失业保险、工伤保险费率有关问题的通知》等。

（3）基金统筹

针对推进工伤保险市级、省级统筹等相关问题，出台了相关政策文件，包括《关于推进工伤保险市级统筹有关问题的通知》《人力资源社会保障部办公厅关于加快推进工伤保险基金省级统筹工作的通知》等。

（4）工伤认定与劳动能力鉴定

针对工伤认定、劳动能力鉴定等相关问题，出台了相关政策文件，包括《关于印发〈职工非因工伤残或因病丧失劳动能力程度鉴定标准（试行）〉的通知》《人力资源和社会保障部办公厅关于工伤保险有关规定处理意见的函》《关于推进工伤认定和劳动能力鉴定便民化服务工作的通知》等。

（5）工伤保险待遇

针对老工伤人员纳入工伤保险、工伤保险待遇调整、尘肺病重点行业工伤保险、感染新型冠状病毒肺炎的相关工作人员的保障等相关问题，出台了相关政策文件，包括《人力资源和社会保障部关于做好老工伤人员纳入工伤保险统筹管理工作的通知》《人力资源社会保障部关于工伤保险待遇调整和确定机制的指导意见》《人力资源社会保障部 国家卫生健康委关于做好尘肺病重点行业工伤保险有关工作的通知》《人力资源社会保障部 财政部 国家卫生健康委关于因履行工作职责感染新型冠状病毒肺炎的医护及相关工作人员有关保障问题的通知》等。

（6）工伤康复

针对工伤保险辅助器具配置、设立区域性工伤康复示范平台等相关问题，出台了相关政策文件，包括《关于印发工伤保险辅助器具配置目录的通知》《人力资源社会保障部关于印发〈工伤康复服务项目（试行）〉和〈工伤康复服务规范（试行）〉（修订版）的通知》《人力资源社会保障部办公厅关于设立公布第一批区域性工伤康复示范平台名单有关问题的通知》等。

（7）工伤预防

针对工伤预防试点、工伤预防费使用管理、工伤预防行动计划、工伤预防能力提升等相关问题，出台了相关政策文件，包括《关于开展工伤预防试点有关问题的通知》《人力资源社会保障部关于进一步做好工伤预防试点工作的通知》《人力资源社会保障部　财政部　国家卫生计生委　国家安全监管总局关于印发工伤预防费使用管理暂行办法的通知》《人力资源社会保障部　工业和信息化部　财政部　住

房城乡建设部 交通运输部 国家卫生健康委员会 应急部 中华全国总工会关于印发工伤预防五年行动计划（2021—2025）的通知》《人力资源社会保障部 应急管理部关于实施危险化学品企业工伤预防能力提升培训工程的通知》等。

（8）工伤保险经办

针对工伤保险医疗服务协议管理、社会保险费征收、取消部分规范性文件设定的证明材料、深入实施"人社服务快办行动"等相关问题，出台了相关政策文件，包括《关于加强工伤保险医疗服务协议管理工作的通知》《人力资源社会保障部办公厅关于贯彻落实国务院常务会议精神切实做好稳定社保费征收工作的紧急通知》《人力资源社会保障部关于取消部分规范性文件设定的证明材料的决定》《人力资源社会保障部关于深入实施"人社服务快办行动"的通知》等。

（9）监督管理

针对社会保险基金要情报告、加强工伤医疗管理服务、加强工伤保险基金管理等相关问题，出台了相关政策文件，包括《人力资源社会保障部关于印发社会保险基金要情报告制度的通知》《人力资源社会保障部关于进一步加强工伤医疗管理服务工作有关问题的通知》《人力资源社会保障部办公厅关于进一步加强工伤保险基金管理有关工作的通知》等。

21. 工伤保险相关法律

与工伤保险相关的法律有《社会保险法》、《职业病防治法》、《安全生产法》、《中华人民共和国劳动合同法》（以下简称《劳动合同法》)、《中华人民共和国劳动争议调解仲裁法》(以下简称《劳动争议调解仲裁法》)、《劳动法》《中华人民共和国工会法》(以下简称《工会法》)等。

(1)《社会保险法》

《社会保险法》于 2010 年 10 月 28 日由第十一届全国人民代表大会常务委员会第十七次会议通过,根据 2018 年 12 月 29 日第十三届全国人民代表大会常务委员会第七次会议《关于修改〈中华人民共和国社会保险法〉的决定》修正。《社会保险法》的立法宗旨是规范社会保险关系,维护公民参加社会保险和享受社会保险待遇的合法权益,使公民共享发展成果,促进社会和谐稳定。其主要内容包括总则、基本养老保险、基本医疗保险、工伤保险、失业保险、生育保险、社会保险费征缴、社会保险基金、社会保险经办等,自 2011 年 7 月 1 日起施行。

(2)《职业病防治法》

《职业病防治法》于 2001 年 10 月 27 日由第九届全国人民代表大会常务委员会第二十四次会议通过,根据 2018 年 12 月 29 日第十三届全国人民代表大会常务委员会第七次会议《关于修改〈中华人民共和国劳动法〉等七部法律的决定》第四次修正。《职业病防治法》的立法宗旨是预防、控制和消除职业病危害,防治职业病,保护劳动者健康及其相关权益,促进经济社会发展。其主要内容包括总则、前期预防、劳动过程中的防护与管理、职业病诊断与职业病病人保障、监督检查、法律责任等,自 2002 年 5 月 1 日起施行。

(3)《安全生产法》

《安全生产法》于 2002 年 6 月 29 日由第九届全国人民代表大会

常务委员会第二十八次会议通过，根据2021年6月10日第十三届全国人民代表大会常务委员会第二十九次会议《关于修改〈中华人民共和国安全生产法〉的决定》第三次修正。《安全生产法》的立法宗旨是加强安全生产工作，防止和减少生产安全事故，保障人民群众生命和财产安全，促进经济社会持续健康发展。其主要内容包括总则、生产经营单位的安全生产保障、从业人员的安全生产权利义务、安全生产的监督管理、生产安全事故的应急救援与调查处理、法律责任等，自2002年11月1日起施行。

（4）《劳动合同法》

《劳动合同法》于2007年6月29日由第十届全国人民代表大会常务委员会第二十八次会议通过，根据2012年12月28日第十一届全国人民代表大会常务委员会第三十次会议《关于修改〈中华人民共和国劳动合同法〉的决定》修正。《劳动合同法》的立法宗旨是完善劳动合同制度，明确劳动合同双方当事人的权利和义务，保护劳动者的合法权益，构建和发展和谐稳定的劳动关系。其主要内容包括总则、劳动合同的订立、劳动合同的履行和变更、劳动合同的解除和终止、特别规定、监督检查、法律责任等，自2008年1月1日起施行。

（5）《劳动争议调解仲裁法》

《劳动争议调解仲裁法》于2007年12月29日由第十届全国人民代表大会常务委员会第三十一次会议通过。《劳动争议调解仲裁法》的立法宗旨是公正及时解决劳动争议，保护当事人合法权益，促进劳动关系和谐稳定。其主要内容包括总则、调解、仲裁、附则等，该法自2008年5月1日起施行。

(6)《劳动法》

《劳动法》于 1994 年 7 月 5 日由第八届全国人民代表大会常务委员会第八次会议通过，根据 2018 年 12 月 29 日第十三届全国人民代表大会常务委员会第七次会议《关于修改〈中华人民共和国劳动法〉等七部法律的决定》第二次修正。《劳动法》的立法宗旨是保护劳动者的合法权益，调整劳动关系，建立和维护适应社会主义市场经济的劳动制度，促进经济发展和社会进步。其主要内容包括总则、促进就业、劳动合同和集体合同、工作时间和休息休假、工资、劳动安全卫生、女职工和未成年工特殊保护等，自 1995 年 1 月 1 日起施行。

(7)《工会法》

《工会法》于 1992 年 4 月 3 日由第七届全国人民代表大会第五次会议通过，根据 2021 年 12 月 24 日第十三届全国人民代表大会常务委员会第三十二次会议《关于修改〈中华人民共和国工会法〉的决定》第三次修正。《工会法》的立法宗旨是保障工会在国家政治、经济和社会生活中的地位，确定工会的权利与义务，发挥工会在社会主义现代化建设事业中的作用。其主要内容包括总则、工会组织、工会的权利和义务、基层工会组织、工会的经费和财产、法律责任等，自 1992 年 4 月 3 日起施行。

 拓展阅读

> 工伤保险是伴随工业化的进程而产生并发展起来的，是工业化社会的产物。1884 年 7 月 6 日，世界上第一部工伤保险法在德国诞生。之后，西方主要工业化国家相继进行了本国工伤保险的立法。

22. 工伤保险相关法规

工伤保险相关法规有《工伤保险条例》《社会保险经办条例》《使用有毒物品作业场所劳动保护条例》《社会保险费征缴暂行条例》《劳动保障监察条例》等。

（1）《工伤保险条例》

《工伤保险条例》于2003年4月27日由中华人民共和国国务院令第375号公布，根据2010年12月20日《国务院关于修改〈工伤保险条例〉的决定》修订。《工伤保险条例》的立法宗旨是保障因工作遭受事故伤害或者患职业病的职工获得医疗救治和经济补偿，促进工伤预防和职业康复，分散用人单位的工伤风险。其主要内容包括总则、工伤保险基金、工伤认定、劳动能力鉴定、工伤保险待遇等，自2004年1月1日起施行。

（2）《社会保险经办条例》

《社会保险经办条例》于2023年8月16日由中华人民共和国国务院令第765号公布。《社会保险经办条例》的立法宗旨是规范社会保险经办，优化社会保险服务，保障社会保险基金安全，维护用人单位和个人的合法权益，促进社会公平。其主要内容包括总则、社会保险登记和关系转移、社会保险待遇核定和支付、社会保险经办服务和管理、社会保险经办监督等，自2023年12月1日起施行。

（3）《使用有毒物品作业场所劳动保护条例》

《使用有毒物品作业场所劳动保护条例》于2002年5月12日由中华人民共和国国务院令第352号公布，根据2024年12月6日《国务院关于修改和废止部分行政法规的决定》修订。《使用有毒物品作业场所劳动保护条例》的立法宗旨是保证作业场所安全使用有毒物品，预防、控制和消除职业中毒危害，保护劳动者的生命安全、身体健康及其相关权益。其主要内容包括总则、作业场所的预防措施、劳动过程的防护、职业健康监护、劳动者的权利与义务等，自2002年5月12日起施行。

（4）《社会保险费征缴暂行条例》

《社会保险费征缴暂行条例》于1999年1月22日由中华人民共和国国务院令第259号公布，根据2019年3月24日《国务院关于修改部分行政法规的决定》修订。《社会保险费征缴暂行条例》的立法宗旨是加强和规范社会保险费征缴工作，保障社会保险金的发放。其主要内容包括总则、征缴管理、监督检查等多项内容，自1999年1月22日起施行。

（5）《劳动保障监察条例》

《劳动保障监察条例》于2004年11月1日由中华人民共和国国务院令第423号公布。《劳动保障监察条例》的立法宗旨是贯彻实施劳动和社会保障法律、法规和规章，规范劳动保障监察工作，维护劳动者的合法权益。其主要内容包括总则、劳动保障监察职责、劳动保障监察的实施等，自2004年12月1日起施行。

23. 工伤保险相关规章制度

工伤保险相关规章制度有《部分行业企业工伤保险费缴纳办法》《职业病分类和目录》《工伤职工劳动能力鉴定管理办法》《因工死亡职工供养亲属范围规定》《非法用工单位伤亡人员一次性赔偿办法》

《工伤认定办法》《社会保险基金先行支付暂行办法》《工伤保险辅助器具配置管理办法》《社会保险个人权益记录管理办法》《社会保险基金行政监督办法》等。

（1）《部分行业企业工伤保险费缴纳办法》

《部分行业企业工伤保险费缴纳办法》于2010年12月31日由中华人民共和国人力资源和社会保障部令第10号公布。制定《部分行业企业工伤保险费缴纳办法》的目的是针对建筑、服务、矿山等行业中难以按照工资总额缴纳工伤保险费的建筑施工企业、小型服务企业、小型矿山企业等，规定其缴纳工伤保险费的具体方式办法。该办法自2011年1月1日起施行。

（2）《职业病分类和目录》

2024年12月11日，根据《职业病防治法》有关规定，国家卫生健康委、人力资源社会保障部、国家疾控局、全国总工会联合组织对职业病的分类和目录进行了调整。调整后的《职业病分类和目录》自

2025年8月1日起实施。《职业病分类和目录》将职业病分为12类，分别为职业性尘肺病及其他呼吸系统疾病、职业性皮肤病、职业性眼病、职业性耳鼻喉口腔疾病、职业性化学中毒、物理因素所致职业病、职业性放射性疾病、职业性传染病、职业性肿瘤、职业性肌肉骨骼疾病、职业性精神和行为障碍、其他职业病。

（3）《劳动能力鉴定管理办法》

《劳动能力鉴定管理办法》于2025年5月13日由中华人民共和国人力资源和社会保障部、中华人民共和国国家卫生和健康委员会令第55号公布，自2025年7月1日起施行。制定《劳动能力鉴定管理办法》是为了加强劳动能力鉴定管理，规范劳动能力鉴定程序。该办法包括总则、鉴定程序、监督管理等多项内容。

（4）《因工死亡职工供养亲属范围规定》

《因工死亡职工供养亲属范围规定》于2003年9月23日由中华人民共和国劳动和社会保障部令第18号公布。制定《因工死亡职工供养亲属范围规定》是为了明确因工死亡职工供养亲属范围。其中规定，因工死亡职工供养亲属是指该职工的配偶、子女、父母、祖父母、外祖父母、孙子女、外孙子女、兄弟姐妹。该规定自2004年1月1日起施行。

（5）《非法用工单位伤亡人员一次性赔偿办法》

《非法用工单位伤亡人员一次性赔偿办法》于2010年12月31日由中华人民共和国人力资源和社会保障部令第9号公布。《非法用工单位伤亡人员一次性赔偿办法》中规定，非法用工单位伤亡人员是指无营业执照或者未经依法登记、备案的单位以及被依法吊销营业执照或者撤销登记、备案的单位受到事故伤害或者患职业病的职工，或者用人单位使用童工造成的伤残、死亡童工。上述单位必须按照《非法用工单位伤亡人员一次性赔偿办法》向伤残职工或者死亡职工的近亲属、伤残童工或者死亡童工的近亲属给予一次性赔偿。该办法自 2011 年 1 月 1 日起施行。

（6）《工伤认定办法》

《工伤认定办法》于 2010 年 12 月 31 日由中华人民共和国人力资源和社会保障部令第 8 号公布。制定《工伤认定办法》是为了规范工伤认定程序，依法进行工伤认定，维护当事人的合法权益。该办法自 2011 年 1 月 1 日起施行。

（7）《社会保险基金先行支付暂行办法》

《社会保险基金先行支付暂行办法》于 2011 年 6 月 29 日由中华人民共和国人力资源和社会保障部令第 15 号公布，根据 2018 年 12 月 14 日《人力资源社会保障部关于修改部分规章的决定》修订。制定《社会保险基金先行支付暂行办法》是为了维护公民的社会保险合法权益，规范社会保险基金先行支付管理。该办法自 2011 年 7 月 1 日起施行。

（8）《工伤保险辅助器具配置管理办法》

《工伤保险辅助器具配置管理办法》于 2016 年 2 月 16 日由中华人民共和国人力资源和社会保障部、民政部、国家卫生和计划生育委员会令第 27 号公布，根据 2018 年 12 月 14 日《人力资源社会保障部关于修改部分规章的决定》修订。制定《工伤保险辅助器具配置管理办法》是为了规范工伤保险辅助器具配置管理，维护工伤职工的合法权益。该办法主要内容包括总则、确认与配置程序、管理与监督等，自 2016 年 4 月 1 日起施行。

（9）《社会保险个人权益记录管理办法》

《社会保险个人权益记录管理办法》于2011年6月29日由中华人民共和国人力资源和社会保障部令第14号公布。制定《社会保险个人权益记录管理办法》是为了维护参保人员的合法权益，规范社会保险个人权益记录管理。该办法主要内容包括总则、采集和审核、保管和维护、查询和使用、保密和安全管理等，自2011年7月1日起施行。

（10）《社会保险基金行政监督办法》

《社会保险基金行政监督办法》于2022年2月9日由中华人民共和国人力资源和社会保障部令第48号公布。制定《社会保险基金行政监督办法》是为了保障社会保险基金安全，规范和加强社会保险基金行政监督。该办法主要内容包括总则、监督职责、监督权限、监督实施等，自2022年3月18日起施行。

> **拓展阅读**
>
> 工伤保险制度建立后，工伤保险成为国家对劳动者履行的社会责任，同时成为劳动者依法享有的基本权利。工伤保险使劳动者的政治、社会和经济地位得到一定程度的提高，同时也在一定程度上缓解了工伤造成的社会矛盾，避免了劳资双方对立，有利于经济社会稳定发展，成为社会文明进步的标志之一。

24. 工伤保险相关标准规范

针对工伤保险，我国制定了多项相关标准规范，如《劳动能力鉴定 职工工伤与职业病致残等级》（GB/T 16180—2014）、《职业病诊断通则》（GBZ/T 265—2014）、《个体防护装备配备规范 第1部分：总则》（GB 39800.1—2020）、《工伤保险经办服务规范》（LD/T 04—2021）、《社会保险网上经办服务指南》（LD/T 01—2020）、《企业职工伤亡事故经济损失统计标准》（GB 6721—1986）等。

（1）职业病防治的相关标准规范

1)《劳动能力鉴定 职工工伤与职业病致残等级》（GB/T 16180—2014）规定了职工工伤与职业病致残劳动能力鉴定原则和分级标准，适用于职工在职业活动中因工负伤和因职业病致残程度的鉴定。

2)《职业病诊断通则》（GBZ/T 265—2014）规定了职业病诊断的基本原则和通用要求，适用于指导国家公布的《职业病分类和目录》中职业病（包括开放性条款）的诊断，但不适用于职业性放射性疾病的诊断。

3)《个体防护装备配备规范 第1部分：总则》（GB 39800.1—2020）规定了个体防护装备（即劳动防护用品）配备的总体要求，包括配备原则、配备流程、作业场所危害因素的辨识和评估、个体防护装备的选择、追踪溯源、判废和更换、培训和使用等，适用于各用人单位个体防护装备的配备及管理，但不适用于各用人单位消防用个体防护装备的配备及管理。

（2）社会保险制度的相关标准规范

1)《工伤保险经办服务规范》（LD/T 04—2021）规定了工伤保险经办服务中参保缴费服务、工伤预防服务、工伤认定与劳动能力鉴定、协议机构管理和费用结算、工伤医疗服务、工伤康复服务、工伤辅助器具配置服务、个人工伤待遇审核与支付服务、基金管理、权益记录与档案查询服务、服务质量评价,以及主要业务表单(资料性附录)等内容,适用于包括各级社会保险经办机构为用人单位和个人提供的工伤保险经办服务,社会保险行政部门、行业协会、大型企业等在工伤保险经办服务部分环节的行为。

2)《社会保险网上经办服务指南》(LD/T 01—2020)规定了社会保险网上经办服务的术语和定义、基本原则、网上服务内容、网上服务管理、服务质量评价与改进,适用于各级社会保险经办机构、人力资源和社会保障信息化综合管理机构及经授权(委托)的服务机构,提供社会保险网上经办服务。

(3)企业安全事故的相关重要标准规范

《企业职工伤亡事故经济损失统计标准》(GB 6721—1986)规定了企业职工伤亡事故经济损失的统计范围、计算方法和评价指标。

 拓展阅读

> 初期工伤保险只覆盖了伤残事故的受害者,随着工业化进程的深入,所引发的各类职业病不断增加,职业病也被逐步纳入工伤保险范围。1906年,英国通过的《职业补偿法修正案》最早将职业病纳入了工伤保险补偿范围。现在,世界各国的工伤保险制度都已将职业病包括在内。

第4章 工伤保险相关法律

25.《社会保险法》的立法沿革与立法宗旨

（1）《社会保险法》的立法沿革

按照第八届全国人民代表大会常务委员会的立法计划及相应要求，劳动部自1993年起着手起草《社会保险法（草案）》，并于1995年将《社会保险法（草案）》提交国务院。1998年后，根据第九届全国人民代表大会常务委员会的立法计划及要求，劳动部重启《社会保险法（草案）》的起草工作，并在2001年第二次将草案提交国务院。然而，由于当时社会保险制度正处于快速变革期，有关各方对于社会保险制度的发展方向、基本模式等尚未形成较为统一的认识，特别是农村居民和城镇居民的社会保险制度建设还未被提上议事日程。因此，这两次提交国务院审议的《社会保险法（草案）》未能在社会各方面形成共识，也未能提请全国人民代表大会常务委员会进行审议。

按照第十届全国人民代表大会常务委员会的立法计划及要求，劳动和社会保障部第三次组织起草《社会保险法（草案）》，并于2006年将草案提交国务院。2007年11月，国务院常务会议审议并通过了《社会保险法（草案）》，随后提请全国人民代表大会常务委员会审议。全国人民代表大会常务委员会于2007年12月、2008年12月、2009年12月和2010年10月对草案进行了4次审议，并在2008年12月28日至2009年2月15日向社会公开征求意见。2010年10月28日，第十一届全国人民代表大会常务委员会第十七次会议对《社会保险法（草案）》进行了表决，并予以通过。以中华人民共和国主席令第35号公布，自2011年7月1日起施行。自此，我国首部《社会保险法》正式生效。根据2018年12月29日第十三届全国人民代表大会常务委员会第七次会议《关于修改〈中华人民共和国社会保险法〉的决定》修正并发布，新修正的《社会保险法》自发布之日起施行。

在《社会保险法》从起草到正式生效与修正期间，党的执政理念、我国社会经济结构、社会保障制度本身以及广大人民群众的需求等，都发生了重大的发展和变化：一是党中央、全国人大、国务院高度重视社会保障制度体系建设，这构成了社会保险立法的政治基础。二是改革开放以来，我国经济建设取得了举世瞩目的伟大成就，综合国力极大增强，人民生活水平显著提高。广大人民群众对于分享社会经济发展成果、实现社会公平正义有了更高期盼，这是社会保险立法的经济、社会和群众基础。三是社会保险制度经过近20年的改革和探索，取得了丰富的成功经验，为社会保险立法奠定了坚实的实践基础。

（2）《社会保险法》的立法宗旨

《社会保险法》第一条规定，为了规范社会保险关系，维护公民参加社会保险和享受社会保险待遇的合法权益，使公民共享发展成果，促进社会和谐稳定，根据宪法，制定本法。

社会保险关系是指社会保险主体在社会保险活动中所形成的权利义务关系。社会保险关系比较复杂，包括政府与公民之间、社会保险费征收机构与用人单位和个人之间、用人单位与职工之间、社会保险经办机构与参保人员之间、社会保险经办机构和参保人员与医疗机构、药品经营单位等社会保险服务机构之间等多重关系。《社会保险法》的立法目的之一，就是要规范它们之间的关系，明确相互之间的权利和义务。

《中华人民共和国宪法》规定，公民在年老、疾病或丧失劳动能力的情况下，有从国家和社会获得物质帮助的权利；国家建立健全同经济发展水平相适应的社会保障制度。《社会保险法》作为国家规范社会保险制度的专门法律，其主要目的之一，就是通过建立健全社会保险制度来保证公民享受社会保障权，增进和维护公民的社会保险权益，保障公民共享经济社会发展成果。《社会保险法》这一宗旨主要体现在维护公民参加社会保险的权利、享受社会保险待遇的权利和共享社会发展成果3个方面。

每个人在工作和生活中都会遇到各种各样的风险，如年老、患病、伤残、工伤、失业、生育等。在个人及其家庭无力防范或者克服这些风险的情况下，其后果可能是人们生活水平严重下降，甚至难以为继。如果社会不能帮助人们解决这些风险，会导致社会不稳定和经济不能健康持续发展。社会保险制度的建立和完善，可以通过政府主导的社会政策，帮助人们防范和弱化这些劳动和社会风险，改善全体社会成员的福利。正是在这个意义上，社会保险制度被称为社会"安全网"或者"减震器"。

26.《社会保险法》中关于工伤保险和社会保险基金的规定

（1）关于工伤保险的有关规定

《社会保险法》第四章规定了工伤保险的覆盖范围、制度模式、资金来源、享受待遇的条件等。

1）工伤保险缴费主体。《社会保险法》第三十三条规定，职工应当参加工伤保险，由用人单位缴纳工伤保险费，职工不缴纳工伤保险费。

2）工伤保险实行行业差别费率和浮动费率档次。《社会保险法》第三十四条规定，国家根据不同行业的工伤风险程度确定行业的差别费率，并根据使用工伤保险基金、工伤发生率等情况在每个行业内确定费率档次。行业差别费率和行业内费率档次由国务院社会保险行政部门制定，报国务院批准后公布施行。社会保险经办机构根据用人单位使用工伤保险基金、工伤发生率和所属行业费率档次等情况，确定用人单位缴费费率。

3）用人单位工伤保险费缴费基数和数额。《社会保险法》第三十五条规定，用人单位应当按照本单位职工工资总额，根据社会保险经办机构确定的费率缴纳工伤保险费。

4）未依法缴纳工伤保险费情况下工伤事故的处理

《社会保险法》第四十一条规定，职工所在用人单位未依法缴纳工伤保险费，发生工伤事故的，由用人单位支付工伤保险待遇。用人单位不支付的，从工伤保险基金中先行支付。从工伤保险基金中先行支付的工伤保险待遇应当由用人单位偿还。用人单位不偿还的，社会保险经办机构可以依照《社会保险法》第六十三条的规定追偿。

（2）社会保险基金有关规定

《社会保险法》第八章规定了社会保险基金的构成、管理使用原则、统筹层次、基金预算办法，确定了县级以上人民政府对社会保险基金进行补贴的职责，还设一条（第七十一条）专门对全国社会保障基金的设立、使用、管理等进行了规定。

1）社会保险基金类别、管理原则和统筹层次。《社会保险法》第六十四条规定，社会保险基金包括基本养老保险基金、基本医疗保险基金、工伤保险基金、失业保险基金和生育保险基金。除基本医疗保险基金与生育保险基金合并建账及核算外,其他各项社会保险基金按照社会保险险种分别建账,分账核算。社会保险基金执行国家统一的会计制度。社会保险基金专款专用,任何组织和个人不得侵占或者挪用。基本养老保险基金逐步实行全国统筹,其他社会保险基金逐步实行省级统筹,具体时间、步骤由国务院规定。

所谓社会保险基金,是为了保障公民在年老、患病、工伤、失业、生育时获得必要帮助,由国家法律确定制度框架,并依法强制实施,由用人单位和个人分别按照缴费基数的一定比例缴纳以及通过其他合法方式筹集的,用于社会保险待遇支出的专项资金。在统一的社会保险基金概念下,按照社会保险险种将基金划分为基本养老保险基金、基本医疗保险基金、工伤保险基金、失业保险基金和生育保险基金。

为了确保社会保险基金的安全,应加强对社会保险基金的管理,包括加强和规范财务制度、预算制度和财政专户制度。在收和记录的环节,要求分别建账、分账核算,执行统一的会计制度。在支的环节,要求专款专用,不得侵占或者挪用。

社会保险基金的统筹层次越高,社会保险基金的规模和调剂使用的范围就越大。必须明确的是,提高统筹层次不是要实行一个待遇标准,在一个省内经济发展水平不同地区之间的待遇标准可以有差异。

2)社会保险基金的收支平衡和政府补贴责任。《社会保险法》第六十五条规定,社会保险基金通过预算实现收支平衡。县级以上人民政府在社会保险基金出现支付不足时,给予补贴。

目前而言,社会保险基金收入主要有社会保险费缴纳、国家财政补助和基金收益。支出主要是社会保险待遇支出。社会保险经办机构的运行成本、管理成本由财政负担,不属于社会保险基金支出项目。收支平衡并不是做到收和支的完全相同,而是"以支定收、大致平衡、略有结余"。为保证收支平衡目标的实现,应当通过预算手段,事先作出征缴计划、财政补助及其他资金来源计划,同时作出社会保险待遇支出计划及其他法定支出计划,使收支情况一目了然,有利于工作做在前,预先做好准备。发现收大于支了,在充分考虑支付发展趋势后,应当通过费率调整机制适当降低费率,减轻社会负担。发现支大于收了,应当动用以往基金结余、加大财政投入、进一步扩面或者在社会可承受范围内通过费率调整机制适当提高费率。

3)社会保险基金财政专户。《社会保险法》第六十八条规定,社会保险基金存入财政专户,具体管理办法由国务院规定。

社会保险基金财政专户是指在各级财政和社会保险行政部门共同认定的商业银行开设的，用于对预算外资金收支进行统一核算和集中管理的专门账户。社会保险基金存入财政专户的具体做法：实行由社会保险经办机构征收社会保险费的，可以在商业银行中开设收入户，并定期将收入户中征缴的社会保险费缴存财政专户，收入户只收不支，月末无余额。实行由税务机关征收社会保险费的，不在商业银行中设收入户，直接缴入国库，再由国库转入财政专户。

4）社会保险基金信息公开。

《社会保险法》第七十条规定，社会保险经办机构应当定期向社会公布参加社会保险情况以及社会保险基金的收入、支出、结余和收益情况。

社会保险关系千家万户的切身利益，将社会保险基金运行情况向社会公开是规范基金管理、切实加强基金社会监督的重要措施。建立社会保险基金信息公开制度，实行"阳光社保"，既保障了用人单位和广大参保人员的知情权，又有利于社会监督的顺利开展，对社会保险制度的健康、良性发展起着积极促进作用。我国社会保险实行缴费制，社会保险基金主要由用人单位和参保人员缴费组成，因此用人单位和参保人员有权知道社会保险制度是怎样运作的、钱是怎么花的、制度是否可持续发展等，社会保险基金信息公开就是回答社会所关心的这些问题。建立社会保险基金信息公开制度，使社会了解社会保险情况，有了解才可能有信心，才会有吸引力，同时对社会保险的经办管理工作而言，也是一种促进，以外力推动工作，规范工作机制，提高服务水平。

> **拓展阅读**
>
> 《社会保险法》第七十一条规定，国家设立全国社会保障基金，由中央财政预算拨款以及国务院批准的其他方式筹集的资金构成，用于社会保障支出的补充、调剂。全国社会保障基金由全国社会保障基金管理运营机构负责管理运营，在保证安全的前提下实现保值增值。全国社会保障基金应当定期向社会公布收支、管理和投资运营的情况。国务院财政部门、社会保险行政部门、审计机关对全国社会保障基金的收支、管理和投资运营情况实施监督。
>
> 全国社会保障基金不同于社会保险基金，两个基金互相独立，在设立目的、资金来源、支付用途、运营方式等方面均不相同。全国社会保障基金是由国家设立的主要用于应对人口老龄化高峰时期社会保障需要的专项资金。2000年8月，党中央、国务院决定建立全国社会保障基金，同时设立社会保障基金理事会，负责管理运营全国社会保障基金。

27.《职业病防治法》中关于职业病诊断与保障的规定

《职业病防治法》中所称职业病，是指企业、事业单位和个体经济组织等用人单位的劳动者在职业活动中，因接触粉尘、放射性物质和其他有毒、有害因素而引起的疾病。

为了预防、控制和消除职业病危害，防治职业病，保护劳动者健康及其相关权益，促进经济社会发展，根据宪法，制定《职业病防治法》。《职业病防治法》关于职业病的诊断与保障要求，是确保劳动者在面临职业病困扰时能够得到及时、准确诊断以及充分的法律保障的重要依据。

（1）职业病的诊断

《职业病防治法》第四十三条规定，职业病诊断应当由取得《医疗机构执业许可证》的医疗卫生机构承担。卫生行政部门应当加强对职业病诊断工作的规范管理，具体管理办法由国务院卫生行政部门制定。

承担职业病诊断的医疗卫生机构还应当具备下列条件：

①具有与开展职业病诊断相适应的医疗卫生技术人员；

②具有与开展职业病诊断相适应的仪器、设备；

③具有健全的职业病诊断质量管理制度。

承担职业病诊断的医疗卫生机构不得拒绝劳动者进行职业病诊断

的要求。

《职业病防治法》第四十六条规定,职业病诊断,应当综合分析下列因素:

①病人的职业史;

②职业病危害接触史和工作场所职业病危害因素情况;

③临床表现以及辅助检查结果等。

没有证据否定职业病危害因素与病人临床表现之间的必然联系的,应当诊断为职业病。职业病诊断证明书应当由参与诊断的取得职业病诊断资格的执业医师签署,并经承担职业病诊断的医疗卫生机构审核盖章。

(2)职业病的保障要求

《职业病防治法》第五十六条规定,用人单位应当保障职业病病人依法享受国家规定的职业病待遇。用人单位应当按照国家有关规定,安排职业病病人进行治疗、康复和定期检查。用人单位对不适宜继续从事原工作的职业病病人,应当调离原岗位,并妥善安置。用人单位对从事接触职业病危害的作业的劳动者,应当给予适当岗位津贴。

《职业病防治法》第五十七条规定,职业病病人的诊疗、康复费用,伤残以及丧失劳动能力的职业病病人的社会保障,按照国家有关工伤保险的规定执行。

《职业病防治法》第五十九条规定,劳动者被诊断患有职业病,但用人单位没有依法参加工伤保险的,其医疗和生活保障由该用人单位承担。

《职业病防治法》第六十一条规定,用人单位已经不存在或者无法确认劳动关系的职业病病人，可以向地方人民政府医疗保障、民政部门申请医疗救助和生活等方面的救助。地方各级人民政府应当根据本地区的实际情况，采取其他措施，使前款规定的职业病病人获得医疗救治。

28.《安全生产法》中关于工伤保险的规定

《安全生产法》作为我国安全生产领域的基础性、综合性法律，其立法宗旨是加强安全生产工作、防止和减少生产安全事故、保障人民群众生命和财产安全、促进经济社会持续健康发展。

（1）工伤保险和安全生产责任保险

《安全生产法》第五十一条规定，生产经营单位必须依法参加工伤保险，为从业人员缴纳保险费。国家鼓励生产经营单位投保安全生产责任保险；属于国家规定的高危行业、领域的生产经营单位，应当投保安全生产责任保险。具体范围和实施办法由国务院应急管理部门会同国务院财政部门、国务院保险监督管理机构和相关行业主管部门制定。

关于工伤保险的概念及法规内容详见第一章和第五章。

安全生产责任保险是指保险机构对投保单位发生生产安全事故造成的人员伤亡和有关经济损失等予以赔偿，并且为投保单位提供生产安全事故预防服务的商业保险。安全生产责任保险的首要功能是事故预防，保险机构要充分发挥帮助投保单位防控安全风险的作用，实现安保互动，有效防范和减少生产安全事故，这是实施安全生产责任保险制度的根本目的。与安全生产责任保险相比，工伤保险是一种强制性的社会保险，雇主责任险、公众责任险、意外伤害险等是普通的商业保险，各有其优势和特点。

（2）劳动合同中的劳动安全必备事项

《安全生产法》第五十二条规定，生产经营单位与从业人员订立的劳动合同，应当载明有关保障从业人员劳动安全、防止职业危害的事项，以及依法为从业人员办理工伤保险的事项。生产经营单位不得以任何形式与从业人员订立协议，免除或者减轻其对从业人员因生产安全事故伤亡依法应承担的责任。

（3）从业人员依法享有工伤保险

《安全生产法》第五十六条规定，生产经营单位发生生产安全事故后，应当及时采取措施救治有关人员。因生产安全事故受到损害的从业人员，除依法享有工伤保险外，依照有关民事法律尚有获得赔偿的权利的，有权提出赔偿要求。

《安全生产法》明确规定了生产经营单位必须依法参加工伤保险，为从业人员缴纳工伤保险费。工伤保险制度既有利于分散生产经营单位的经营风险，又可以为从业人员提供一定保障。从业人员因生产安全事故受到损害的，如果经过工伤认定构成工伤，可以依法享受相应的工伤保险待遇。

 拓展阅读

（1）安全生产责任保险与工伤保险的衔接

投保单位按照安全生产责任保险享受的经济赔偿，不影响其从业人员（含劳务派遣人员）依法享受工伤保险赔偿的权利。

（2）安全生产责任保险的两大功能及两个强制

两大功能：事故预防功能，事故经济损失赔偿。

两个强制：煤矿、非煤矿山、危险化学品、烟花爆竹、交通运输、建筑施工、民用爆炸物品、金属冶炼、渔业生产等高危行业领域的生产经营单位应当投保安全生产责任保险，保险机构应当建立生产安全事故预防服务制度，协助投保的生产经营单位开展事故预防工作。

29.《劳动合同法》中关于工伤保险的规定

《劳动合同法》明确了劳动合同双方当事人的权利和义务，与《工伤保险条例》在保护工伤职工权益方面相互补充、相互促进，二者共同构成了保护工伤职工权益的法律屏障，为构建和谐稳定的劳动关系提供了有力的法律支持。

《劳动合同法》第四十二条规定，劳动者有下列情形之一的，用人单位不得依照本法第四十条、第四十一条的规定解除劳动合同：

（1）从事接触职业病危害作业的劳动者未进行离岗前职业健康检查，或者疑似职业病病人在诊断或者医学观察期间的；

（2）在本单位患职业病或者因工负伤并被确认丧失或者部分丧失劳动能力的；

（3）患病或者非因工负伤，在规定的医疗期内的；

（4）女职工在孕期、产期、哺乳期的；

（5）在本单位连续工作满十五年，且距法定退休年龄不足五年的；

（6）法律、行政法规规定的其他情形。

《劳动合同法》第四十五条规定，劳动合同期满，有本法第四十二条规定情形之一的，劳动合同应当续延至相应的情形消失时终止。但是，本法第四十二条第二项规定丧失或者部分丧失劳动能力劳动者的劳动合同的终止，按照国家有关工伤保险的规定执行。

30.《劳动争议调解仲裁法》中关于工伤保险的规定

《劳动争议调解仲裁法》的立法宗旨是公正及时解决劳动争议，保护当事人合法权益，促进劳动关系和谐稳定，为工伤职工提供便捷高效的仲裁途径，确保工伤争议能够得到及时公正的解决。

《劳动争议调解仲裁法》第二条规定，中华人民共和国境内的用人单位与劳动者发生的下列劳动争议，适用本法：

（1）因确认劳动关系发生的争议；

（2）因订立、履行、变更、解除和终止劳动合同发生的争议；

（3）因除名、辞退和辞职、离职发生的争议；

（4）因工作时间、休息休假、社会保险、福利、培训以及劳动保护发生的争议；

（5）因劳动报酬、工伤医疗费、经济补偿或者赔偿金等发生的争议；

（6）法律、法规规定的其他劳动争议。

《劳动争议调解仲裁法》第九条规定，用人单位违反国家规定，拖欠或者未足额支付劳动报酬，或者拖欠工伤医疗费、经济补偿或者赔偿金的，劳动者可以向劳动行政部门投诉，劳动行政部门应当依法处理。

《劳动争议调解仲裁法》第十六条规定，因支付拖欠劳动报酬、工伤医疗费、经济补偿或者赔偿金事项达成调解协议，用人单位在协议约定期限内不履行的，劳动者可以持调解协议书依法向人民法院申请支付令。人民法院应当依法发出支付令。

《劳动争议调解仲裁法》第四十四条规定，仲裁庭对追索劳动报酬、工伤医疗费、经济补偿或者赔偿金的案件，根据当事人的申请，可以裁决先予执行，移送人民法院执行。仲裁庭裁决先予执行的，应当符合下列条件：

（1）当事人之间权利义务关系明确；

（2）不先予执行将严重影响申请人的生活。

劳动者申请先予执行的，可以不提供担保。

31.《劳动法》中关于工伤保险的规定

《劳动法》的立法宗旨是保护劳动者的合法权益，调整劳动关系，建立和维护适应社会主义市场经济的劳动制度，促进经济发展和社会进步。

《劳动法》第二十九条规定，劳动者有下列情形之一的，用人单位不得依据《劳动法》第二十六条、第二十七条的规定解除劳动合同：

（1）患职业病或者因工负伤并被确认丧失或者部分丧失劳动能力的；

（2）患病或者负伤，在规定的医疗期内的；

（3）女职工在孕期、产期、哺乳期内的；

（4）法律、行政法规规定的其他情形。

《劳动法》第五十四条规定，用人单位必须为劳动者提供符合国家规定的劳动安全卫生条件和必要的劳动防护用品，对从事有职业危害作业的劳动者应当定期进行健康检查。

32.《工会法》中关于工伤保险的规定

《工会法》规定工会的基本职责是维护职工合法权益、竭诚服务职工群众。工会通过平等协商和集体合同制度等，推动健全劳动关系协调机制，维护职工劳动权益，构建和谐劳动关系。

《工会法》第二十三条规定，企业、事业单位、社会组织违反劳动法律法规规定，有下列侵犯职工劳动权益情形，工会应当代表职工与企业、事业单位、社会组织交涉，要求企业、事业单位、社会组织采取措施予以改正；企业、事业单位、社会组织应当予以研究处理，并向工会作出答复；企业、事业单位、社会组织拒不改正的，工会可以提请当地人民政府依法作出处理：

（1）克扣、拖欠职工工资的；

（2）不提供劳动安全卫生条件的；

（3）随意延长劳动时间的；

（4）侵犯女职工和未成年工特殊权益的；

（5）其他严重侵犯职工劳动权益的。

《工会法》第二十七条规定，职工因工伤亡事故和其他严重危害职工健康问题的调查处理，必须有工会参加。工会应当向有关部门提出处理意见，并有权要求追究直接负责的主管人员和有关责任人员的责任。对工会提出的意见，应当及时研究，给予答复。

《工会法》第三十九条规定，企业、事业单位、社会组织研究经营管理和发展的重大问题应当听取工会的意见；召开会议讨论有关工资、福利、劳动安全卫生、工作时间、休息休假、女职工保护和社会保险等涉及职工切身利益的问题，必须有工会代表参加。企业、事业单位、社会组织应当支持工会依法开展工作,工会应当支持企业、事业单位、社会组织依法行使经营管理权。

第5章 工伤保险相关法规

33.《工伤保险条例》的立法地位与目的

（1）《工伤保险条例》的立法地位

《工伤保险条例》的颁布，是我国工伤保险制度建设进程中具有里程碑意义的大事，标志着我国工伤保险制度正式步入了法治化轨道，工伤保险制度改革也由此进入一个崭新的发展阶段，预示着适应我国社会主义市场经济的新型工伤保险制度初步形成。同时，它也确立了工伤保险在我国社会保障体系中的重要地位，对于进一步健全我国的社会保障体系，维护经济和社会健康稳定发展，以及加快推进我国社会保障法治化建设，都起到了重要的推动作用。

（2）《工伤保险条例》的立法目的

《工伤保险条例》第一条规定，为了保障因工作遭受事故伤害或者患职业病的职工获得医疗救治和经济补偿，促进工伤预防和职业康复，分散用人单位的工伤风险，制定本条例。

《工伤保险条例》的立法宗旨主要有3个方面。

一是切实维护工伤职工的医疗救治权与经济补偿权。工伤职工在遭受事故伤害或者患职业病后，首要任务是确保他们能够获得及时、有效的医疗救治，使伤害或者病情尽快得到有效控制。其间所产生的交通、住院、检查诊断、治疗等费用，要依法得到足额保障。待职工伤（病）情稳定后，要按照法定程序进行劳动能力鉴定，确定伤残等级，并给予相应的一次性和长期性经济补偿。为工伤职工提供救治和补偿，是工伤保险制度最初也是最核心的宗旨。

二是促进工伤预防与职业康复。经过100多年的发展，各国的工伤保险已逐步形成工伤预防、工伤补偿、工伤康复"三位一体"的制度模式，对工伤预防及工伤职工的职业康复等的关注度不断提高。在制度设计上，通过实施行业差别费率，特别是实行行业内费率档次，使单位缴费与工伤预防工作紧密相连，激励单位加强工伤事故和职业病的预防工作。同时，在工伤保险基金中列支工伤预防费用，直接用于加强工伤预防和支持、鼓励、引导用人单位强化工伤预防宣传和培训。此外，对工伤职工的救济也不仅停留在医疗救治层面，而是将相当多精力放在职业康复方面，从而使工伤职工权益依法得到全方位保障。

三是分散用人单位的工伤风险。工伤保险制度的建立之所以能够得到众多用人单位的支持，关键在于工伤保险基金能够有效分散单个用人单位在发生工伤事故后所面临的经营风险。这也是工伤保险制度的重要功能之一。

34.《工伤保险条例》中关于工伤保险基金的规定

工伤保险基金是国家为实施工伤保险制度，通过法定程序建立的用于特定目的的专项资金。工伤保险基金的支出用途主要包括：一是为因工作遭受事故伤害或者患职业病的职工提供医疗救治、康复服务或经济补偿，二是用于工伤事故、职业病预防和工伤职业康复等项目。稳定充足的工伤保险基金是工伤保险制度顺利实施和有效运行的保证。

（1）工伤保险基金构成

《工伤保险条例》第七条规定，工伤保险基金由用人单位缴纳的工伤保险费、工伤保险基金的利息和依法纳入工伤保险基金的其他资金构成。

工伤保险费是工伤保险基金的主要来源。因此，凡是纳入工伤保险范围的用人单位都必须按照规定及时足额缴纳工伤保险费，以保证工伤保险基金的支付能力，切实保障工伤职工及时获得医疗救治和经济补偿。工伤保险基金按照规定存入银行取得的利息也将并入工伤保险基金中统一管理。其他资金是指按规定征收的滞纳金、社会捐赠等。

(2)调整行业差别费率及档次

《工伤保险条例》第九条规定,国务院社会保险行政部门应当定期了解全国各统筹地区工伤保险基金收支情况,及时提出调整行业差别费率及行业内费率档次的方案,报国务院批准后公布施行。

《社会保险法》第三十四条的规定简化了调整程序,仅由国务院社会保险行政部门提出调整行业差别费率及行业内费率档次的方案并报国务院批准,而不再需要国务院财政部门、卫生行政部门、安全生产监督管理部门等共同提出。

随着科技、经济和社会的发展,各行业的工伤风险程度会不断发生变化。因此,社会保险行政部门需要定期跟踪调查各行业的工伤风险程度,并根据评估结果及时调整行业差别费率。这种调整实质上是对标准的重新确定,必须遵循严格的程序,由社会保险行政部门提出方案并报国务院批准。

(3)工伤保险费缴费主体、费率和数额

《工伤保险条例》第十条规定,用人单位应当按时缴纳工伤保险费。职工个人不缴纳工伤保险费。用人单位缴纳工伤保险费的数额为本单位职工工资总额乘以单位缴费费率之积。对难以按照工资总额缴纳工伤保险费的行业,其缴纳工伤保险费的具体方式,由国务院社会保险行政部门规定。

(4)工伤保险储备金

《工伤保险条例》第十三条规定,工伤保险基金应当留有一定比例的储备金,用于统筹地区重大事故的工伤保险待遇支付;储备金不足支付的,由统筹地区的人民政府垫付。储备金占基金总额的具体比例和储备金的使用办法,由省、自治区、直辖市人民政府规定。

工伤保险储备金是为了应对重大工伤事故的发生，导致工伤保险基金的大规模支出而建立的一项应急资金。工伤保险实行现收现付制度，并根据"以支定收、收支平衡"的原则确定费率，这就决定了当期征收的工伤保险费与当期支付的工伤保险待遇基本持平，或者略有结余。然而，工伤事故的发生有其不确定性。为了预防突发事件导致工伤保险基金出现难以支付的情况，《工伤保险条例》规定了风险储备金制度。这一制度一方面能够更好地保障工伤职工的合法权益，另一方面也能更好地分散发生重大工伤事故的用人单位的风险。

同时，为了确保发生重大工伤事故时各项工伤保险待遇能够及时足额支付，《工伤保险条例》还规定，当储备金不足以支付时，由统筹地区的人民政府垫付。考虑到我国幅员辽阔，各地经济发展水平和用人单位的安全生产状况存在差异，《工伤保险条例》进一步规定，储备金占基金总额的具体比例和储备金的使用办法，由省、自治区、直辖市人民政府规定。

35.《工伤保险条例》中关于工伤认定的规定

工伤认定是社会保险行政部门依据法律、法规和政策规定，对职工遭受的事故伤害或者患职业病的性质进行确认，并据此作出是否认定（视同）为工伤的行政确认行为。

（1）应当认定为工伤的情形

《工伤保险条例》第十四条规定，职工有下列情形之一的，应当认定为工伤：

1）在工作时间和工作场所内，因工作原因受到事故伤害的；

2）工作时间前后在工作场所内，从事与工作有关的预备性或者收尾性工作受到事故伤害的；

3）在工作时间和工作场所内，因履行工作职责受到暴力等意外伤害的；

4）患职业病的；

5）因工外出期间，由于工作原因受到伤害或者发生事故下落不明的；

6）在上下班途中，受到非本人主要责任的交通事故或者城市轨道交通、客运轮渡、火车事故伤害的；

7）法律、行政法规规定应当认定为工伤的其他情形。

（2）视同工伤的情形

《工伤保险条例》第十五条规定，职工有下列情形之一的，视同工伤：

1）在工作时间和工作岗位，突发疾病死亡或者在 48 小时之内经抢救无效死亡的；

2）在抢险救灾等维护国家利益、公共利益活动中受到伤害的；

3）职工原在军队服役，因战、因公负伤致残，已取得革命伤残军人证，到用人单位后旧伤复发的。

职工有前款第 1）项、第 2）项情形的，按照本条例的有关规定享受工伤保险待遇；职工有前款第 3）项情形的，按照本条例的有关规定享受除一次性伤残补助金以外的工伤保险待遇。

（3）不得认定为工伤或者视同工伤的情形

《工伤保险条例》第十六条规定，职工符合本条例第十四条、第十五条的规定，但是有下列情形之一的，不得认定为工伤或者视同工伤：

1）故意犯罪的；

2）醉酒或者吸毒的；

3）自残或者自杀的。

也就是说，排除认定工伤的情形主要是指虽然职工在工作中发生了伤亡，但其伤亡与工作没有直接的因果关系，因此不能纳入工伤范畴。利用工作机会实施故意犯罪，在工作中故意麻痹自己而使自己不能控制行为，以及自残、自杀等行为导致的工作过程中的伤亡，这三种情形下的职工伤亡，具有主观故意性，其后果应当由行为人自己承担，不属于工伤范围。

（4）提出工伤认定申请应提交的材料

《工伤保险条例》第十八条规定，提出工伤认定申请应当提交下列材料：

1）工伤认定申请表；

2）与用人单位存在劳动关系（包括事实劳动关系）的证明材料；

3）医疗诊断证明或者职业病诊断证明书（或者职业病诊断鉴定书）。

工伤认定申请表应当包括事故发生的时间、地点、原因以及职工伤害程度等基本情况。

工伤认定申请人提供材料不完整的，社会保险行政部门应当一次性书面告知工伤认定申请人需要补正的全部材料。申请人按照书面告知要求补正材料后，社会保险行政部门应当受理。

36.《工伤保险条例》中关于工伤保险待遇的规定

工伤保险待遇是在职工遭受事故伤害或患职业病后，获得医疗救治和经济补偿的重要保障，是工伤保险制度创设的主要目的，也是工伤保险制度的核心功能。随着经济社会的不断发展，我国通过制定和完善相关法律、法规、政策，持续优化工伤保险待遇体系，特别是改革开放以来，工伤保险待遇范围不断扩大，待遇水平不断提高，初步建立起工伤保险待遇水平与社会经济发展水平相适应的动态调整机制，保障了广大工伤职工及其供养亲属的医疗救治和基本生活，充分发挥了社会保险的保障功能，分散了用人单位的工伤风险，促进了社会和谐稳定。

（1）治疗工伤

《工伤保险条例》第三十条规定，职工因工作遭受事故伤害或者患职业病进行治疗，享受工伤医疗待遇。

职工治疗工伤应当在签订服务协议的医疗机构就医，情况紧急时可以先到就近的医疗机构急救。

治疗工伤所需费用符合工伤保险诊疗项目目录、工伤保险药品目录、工伤保险住院服务标准的，从工伤保险基金支付。工伤保险诊疗项目目录、工伤保险药品目录、工伤保险住院服务标准，由国务院社会保险行政部门会同国务院卫生行政部门、食品药品监督管理部门等部门规定。

职工住院治疗工伤的伙食补助费，以及经医疗机构出具证明，报经办机构同意，工伤职工到统筹地区以外就医所需的交通、食宿费用从工伤保险基金支付，基金支付的具体标准由统筹地区人民政府规定。

工伤职工治疗非工伤引发的疾病，不享受工伤医疗待遇，按照基本医疗保险办法处理。

工伤职工到签订服务协议的医疗机构进行工伤康复的费用，符合规定的，从工伤保险基金支付。

（2）生活护理费

《工伤保险条例》第三十四条规定，工伤职工已经评定伤残等级并经劳动能力鉴定委员会确认需要生活护理的，从工伤保险基金按月支付生活护理费。

生活护理费按照生活完全不能自理、生活大部分不能自理或者生活部分不能自理3个不同等级支付，其标准分别为统筹地区上年度职工月平均工资的50%、40%或者30%。

《工伤保险条例》将生活护理费的基数设定为统筹地区上年度职工月平均工资，主要是考虑发生工伤后，工伤职工对护理的依赖程度主要取决于其伤残的严重程度,而与本人的社会贡献、收入水平等因素无关。支付生活护理费的目的,在于减轻工伤职工及其家庭因护理需求而产生的经济负担。

如果伤残程度发生了变化,劳动能力鉴定委员会将重新作出伤残评定。例如,原来被评定为五级伤残,但随后伤残程度加重,被重新评定为二级伤残,劳动能力鉴定委员会就应当及时评估是否存在生活护理障碍,并确定相应的护理等级。

(3)停止享受工伤待遇的情形

《工伤保险条例》第四十二条规定,工伤职工有下列情形之一的,停止享受工伤保险待遇:

1)丧失享受待遇条件的;

2)拒不接受劳动能力鉴定的;

3)拒绝治疗的。

（4）职工再次发生工伤的待遇

《工伤保险条例》第四十五条规定，职工再次发生工伤，根据规定应当享受伤残津贴的，按照新认定的伤残等级享受伤残津贴待遇。

在《工伤保险条例》中，工伤职工再次发生工伤与工伤职工工伤复发是两个不同的概念。再次发生工伤是指工伤职工在遭受首次工伤事故或者患职业病，经治疗及劳动能力鉴定确定伤残等级后，又遭受第二次或更多次工伤事故或者患职业病，且加剧了工伤职工的病情。这类人群在治疗结束后，需要经劳动能力鉴定委员会按照《劳动能力鉴定　职工工伤与职业病致残等级》（GB/T 16180—2014）重新评定伤残等级。如果被确定新的伤残等级，且根据规定应当享受伤残待遇的，工伤职工将按照新认定的伤残等级享受相应的伤残津贴待遇；反之，如果根据规定不能享受伤残待遇的，则不提供相应的伤残津贴待遇。

37.《社会保险经办条例》中关于社会保险登记和关系转移的规定

《社会保险经办条例》第六条规定，用人单位在登记管理机关办理登记时同步办理社会保险登记。个人申请办理社会保险登记，以公民身份号码作为社会保障号码，取得社会保障卡和医保电子凭证。社会保险经办机构应当自收到申请之日起 10 个工作日内办理完毕。

《社会保险经办条例》第七条规定，社会保障卡是个人参加基本养老保险、基本医疗保险、工伤保险、失业保险、生育保险等社会保险和享受各项社会保险待遇的凭证，包括实体社会保障卡和电子社会保障卡。医保电子凭证是个人参加基本医疗保险、生育保险等社会保险和享受基本医疗保险、生育保险等社会保险待遇的凭证。

《社会保险经办条例》第十条规定，用人单位和个人申请变更、注销社会保险登记，社会保险经办机构应当自收到申请之日起10个工作日内办理完毕。用人单位注销社会保险登记的，应当先结清欠缴的社会保险费、滞纳金、罚款。

《社会保险经办条例》第十二条规定，参加职工基本养老保险的个人跨统筹地区就业，其职工基本养老保险关系随同转移。参加职工基本养老保险的个人在机关事业单位与企业等不同性质用人单位之间流动就业，其职工基本养老保险关系随同转移。参加城乡居民基本养老保险且未享受待遇的个人跨统筹地区迁移户籍，其城乡居民基本养老保险关系可以随同转移。

《社会保险经办条例》第十三条规定，参加职工基本医疗保险的个人跨统筹地区就业，其职工基本医疗保险关系随同转移。参加城乡居民基本医疗保险的个人跨统筹地区迁移户籍或者变动经常居住地，其城乡居民基本医疗保险关系可以按照规定随同转移。职工基本医疗保险与城乡居民基本医疗保险之间的关系转移，按照规定执行。

《社会保险经办条例》第十四条规定，参加失业保险的个人跨统筹地区就业，其失业保险关系随同转移。

《社会保险经办条例》第十五条规定，参加工伤保险、生育保险的个人跨统筹地区就业，在新就业地参加工伤保险、生育保险。

拓展阅读

社会保险经办机构是社会保险服务的具体承担者，直接面对广大参保人员。社会保险经办机构应当增强服务意识，做好社会保险登记、待遇支付等各项工作。随着社会经济的不断发展，从业人员的流动性也日趋增强，参保人员会随着就业地点和就业单位的变动而发生参保信息的变动，各项社会保险的缴费情况等也会随着参保人员的工资收入增减发生相应变化。在办理社会保险业务过程中，社会保险经办机构将直接形成具有保存和利用价值的相关资料，这些资料是对参保单位和个人权益的真实记录，也是确定参保人员享受社会保险待遇的重要依据。因此，基于对参保人员权益的充分保护，须规定社会保险经办机构要及时、完整、准确地记录参保人员的个人信息、缴费情况、待遇享受情况、个人账户及其他相关情况。

38.《社会保险经办条例》中关于经办服务的规定

《社会保险经办条例》第四章对经办服务作出了相关要求，如依托信息化平台优化社会保险经办服务，完善社会保险经办管理服务体系，为老年人、残疾人等特殊群体提供便利服务，以及社会保险经办机构应当提供的相关服务等，相关内容如下。

《社会保险经办条例》第二十七条规定，社会保险经办机构应当依托社会保险公共服务平台、医疗保障信息平台等实现跨部门、跨统筹地区社会保险经办。

《社会保险经办条例》第三十条规定，社会保险经办机构应当加强无障碍环境建设，提供无障碍信息交流，完善无障碍服务设施设备，采用授权代办、上门服务等方式，为老年人、残疾人等特殊群体提供便利。

《社会保险经办条例》第三十二条规定,社会保险经办机构免费向用人单位和个人提供查询核对社会保险缴费和享受社会保险待遇记录、社会保险咨询等相关服务。

《社会保险经办条例》第三十三条规定,社会保险经办机构应当根据经办工作需要,与符合条件的机构协商签订服务协议,规范社会保险服务行为。人力资源社会保障行政部门、医疗保障行政部门应当加强对服务协议订立、履行等情况的监督。

《社会保险经办条例》第三十四条规定,医疗保障行政部门所属的社会保险经办机构应当改进基金支付和结算服务,加强服务协议管理,建立健全集体协商谈判机制。

《社会保险经办条例》第四十条规定,社会保险经办机构设立社会保险基金支出户,用于接受财政专户拨入基金、支付基金支出款项、上解上级经办机构基金、下拨下级经办机构基金等。

《社会保险经办条例》第四十二条规定,社会保险经办机构应当核查下列事项：

（1）社会保险登记和待遇享受等情况；

（2）社会保险服务机构履行服务协议、执行费用结算项目和标准情况；

（3）法律、法规规定的其他事项。

《社会保险经办条例》第四十三条规定，社会保险经办机构发现社会保险服务机构违反服务协议的，可以督促其履行服务协议，按照服务协议约定暂停或者不予拨付费用、追回违规费用、中止相关责任人员或者所在部门涉及社会保险基金使用的社会保险服务，直至解除服务协议；社会保险服务机构及其相关责任人员有权进行陈述、申辩。

《社会保险经办条例》第四十四条规定，社会保险经办机构发现用人单位、个人、社会保险服务机构违反社会保险法律、法规、规章的，应当责令改正。对拒不改正或者依法应当由人力资源社会保障行政部门、医疗保障行政部门处理的，及时移交人力资源社会保障行政部门、医疗保障行政部门处理。

《社会保险经办条例》第四十五条规定，国务院人力资源社会保障行政部门、医疗保障行政部门会同有关部门建立社会保险信用管理制度，明确社会保险领域严重失信主体名单认定标准。社会保险经办机构应当如实记录用人单位、个人和社会保险服务机构及其工作人员违反社会保险法律、法规行为等失信行为。

《社会保险经办条例》第四十六条规定，个人多享受社会保险待遇的，由社会保险经办机构责令退回；难以一次性退回的，可以签订还款协议分期退回，也可以从其后续享受的社会保险待遇或者个人账户余额中抵扣。

39.《使用有毒物品作业场所劳动保护条例》中关于职业健康监护的规定

《使用有毒物品作业场所劳动保护条例》的立法宗旨是为了保证作业场所安全使用有毒物品,预防、控制和消除职业中毒危害,保护劳动者的生命安全、身体健康及其相关权益。其中关于职业健康监护的具体内容如下。

《使用有毒物品作业场所劳动保护条例》第三十一条规定,用人单位应当组织从事使用有毒物品作业的劳动者进行上岗前职业健康检查。用人单位不得安排未经上岗前职业健康检查的劳动者从事使用有毒物品的作业,不得安排有职业禁忌的劳动者从事其所禁忌的作业。

《使用有毒物品作业场所劳动保护条例》第三十二条规定,用人单位应当对从事使用有毒物品作业的劳动者进行定期职业健康检查。用人单位发现有职业禁忌或者有与所从事职业相关的健康损害的劳动者,应当将其及时调离原工作岗位,并妥善安置。用人单位对需要复查和医学观察的劳动者,应当按照体检机构的要求安排其复查和医学观察。

《使用有毒物品作业场所劳动保护条例》第三十三条规定,用人单位应当对从事使用有毒物品作业的劳动者进行离岗时的职业健康检查;对离岗时未进行职业健康检查的劳动者,不得解除或者终止与其订立的劳动合同。用人单位发生分立、合并、解散、破产等情形的,应当对从事使用有毒物品作业的劳动者进行健康检查,并按照国家有关规定妥善安置职业病病人。

《使用有毒物品作业场所劳动保护条例》第三十四条规定,用人单位对受到或者可能受到急性职业中毒危害的劳动者，应当及时组织进行健康检查和医学观察。

《使用有毒物品作业场所劳动保护条例》第三十六条规定，用人单位应当建立职业健康监护档案。职业健康监护档案应当包括下列内容：

（1）劳动者的职业史和职业中毒危害接触史；

（2）相应作业场所职业中毒危害因素监测结果；

（3）职业健康检查结果及处理情况；

（4）职业病诊疗等劳动者健康资料。

上述法规明确了用人单位在保护劳动者职业健康方面的责任和义务，作为《职业病防治法》的配套行政法规，在工伤保险制度完善、高毒作业特殊管理、职业卫生医师和护士制度建立、卫生行政部门责任划分、职业健康监护制度完善、责任追究机制等方面进一步作出了相关具体规定，用人单位应深入理解并严格遵照执行。

40.《社会保险费征缴暂行条例》中关于社会保险费征缴的规定

《社会保险费征缴暂行条例》的立法宗旨是加强和规范社会保险费征缴工作，保障社会保险金的发放。其中，基本养老保险费、基本医疗保险费、失业保险费（以下统称社会保险费）的征收、缴纳，适用该条例。《工伤保险条例》第三条规定，工伤保险费的征缴按照《社会保险费征缴暂行条例》关于基本养老保险费、基本医疗费、失业保险费的征缴规定执行。

《社会保险费征缴暂行条例》第四条规定，缴费单位、缴费个人应当按时足额缴纳社会保险费。征缴的社会保险费纳入社会保险基金，专款专用，任何单位和个人不得挪用。

《社会保险费征缴暂行条例》第七条规定，缴费单位必须向当地社会保险经办机构办理社会保险登记，参加社会保险。登记事项包括：单位名称、住所、经营地点、单位类型、法定代表人或者负责人、开户银行账号以及国务院劳动保障行政部门规定的其他事项。

《社会保险费征缴暂行条例》第八条规定，企业在办理登记注册时，同步办理社会保险登记。前款规定以外的缴费单位应当自成立之日起 30 日内，向当地社会保险经办机构申请办理社会保险登记。

《社会保险费征缴暂行条例》第九条规定，缴费单位的社会保险登记事项发生变更或者缴费单位依法终止的，应当自变更或者终止之日起 30 日内，到社会保险经办机构办理变更或者注销社会保险登记手续。

《社会保险费征缴暂行条例》第十条规定，缴费单位必须按月向社会保险经办机构申报应缴纳的社会保险费数额，经社会保险经办机构核定后，在规定的期限内缴纳社会保险费。缴费单位不按规定申报应缴纳的社会保险费数额的，由社会保险经办机构暂按该单位上月缴费数额的110%确定应缴数额；没有上月缴费数额的，由社会保险经办机构暂按该单位的经营状况、职工人数等有关情况确定应缴数额。缴费单位补办申报手续并按核定数额缴纳社会保险费后，由社会保险经办机构按照规定结算。

《社会保险费征缴暂行条例》第十二条规定，缴费单位和缴费个人应当以货币形式全额缴纳社会保险费。缴费个人应当缴纳的社会保险费，由所在单位从其本人工资中代扣代缴。社会保险费不得减免。

《社会保险费征缴暂行条例》第十三条规定，缴费单位未按规定缴纳和代扣代缴社会保险费的，由劳动保障行政部门或者税务机关责令限期缴纳；逾期仍不缴纳的，除补缴欠缴数额外，从欠缴之日起，按日加收2‰的滞纳金。滞纳金并入社会保险基金。

《社会保险费征缴暂行条例》第十六条规定，社会保险经办机构应当建立缴费记录，其中基本养老保险、基本医疗保险并应当按照规定记录个人账户。社会保险经办机构负责保存缴费记录，并保证其完整、安全。社会保险经办机构应当至少每年向缴费个人发送一次基本养老保险、基本医疗保险个人账户通知单。缴费单位、缴费个人有权按照规定查询缴费记录。

《社会保险费征缴暂行条例》第二十三条规定，缴费单位未按照规定办理社会保险登记、变更登记或者注销登记，或者未按照规定申报应缴纳的社会保险费数额的，由劳动保障行政部门责令限期改正；情节严重的，对直接负责的主管人员和其他直接责任人员可以处1 000

元以上 5 000 元以下的罚款；情节特别严重的，对直接负责的主管人员和其他直接责任人员可以处 5 000 元以上 10 000 元以下的罚款。

《社会保险费征缴暂行条例》第二十四条规定，缴费单位违反有关财务、会计、统计的法律、行政法规和国家有关规定，伪造、变造、故意毁灭有关账册、材料，或者不设账册，致使社会保险费缴费基数无法确定的，除依照有关法律、行政法规的规定给予行政处罚、纪律处分、刑事处罚外，依照本条例第十条的规定征缴；迟延缴纳的，由劳动保障行政部门或者税务机关依照本条例第十三条的规定决定加收滞纳金，并对直接负责的主管人员和其他直接责任人员处 5 000 元以上 20 000 元以下的罚款。

41.《劳动保障监察条例》中关于工伤保险的规定

《劳动保障监察条例》的实施标志着我国的劳动保障监察工作进入一个新的发展阶段。随着相关配套制度陆续出台，宣传活动广泛展开，执法力度明显加强，社会影响与日俱增，劳动保障监察已经成为劳动者维权和推进劳动保障事业发展的主要手段之一。其中，有关工伤保险的具体规定如下。

《劳动保障监察条例》第十一条规定，劳动保障行政部门对下列事项实施劳动保障监察：

（1）用人单位制定内部劳动保障规章制度的情况；

（2）用人单位与劳动者订立劳动合同的情况；

（3）用人单位遵守禁止使用童工规定的情况；

（4）用人单位遵守女职工和未成年工特殊劳动保护规定的情况；

(5)用人单位遵守工作时间和休息休假规定的情况;

(6)用人单位支付劳动者工资和执行最低工资标准的情况;

(7)用人单位参加各项社会保险和缴纳社会保险费的情况;

(8)职业介绍机构、职业技能培训机构和职业技能考核鉴定机构遵守国家有关职业介绍、职业技能培训和职业技能考核鉴定的规定的情况;

(9)法律、法规规定的其他劳动保障监察事项。

《劳动保障监察条例》第二十七条规定,用人单位向社会保险经办机构申报应缴纳的社会保险费数额时,瞒报工资总额或者职工人数的,由劳动保障行政部门责令改正,并处瞒报工资数额1倍以上3倍以下的罚款。骗取社会保险待遇或者骗取社会保险基金支出的,由劳动保障行政部门责令退还,并处骗取金额1倍以上3倍以下的罚款;构成犯罪的,依法追究刑事责任。

第6章 工伤保险规章制度

42. 特殊行业企业工伤保险费缴纳要求

对于建筑、服务、矿山等行业中，难以直接按照工资总额计算缴纳工伤保险费的建筑施工企业、小型服务企业、小型矿山企业等，应按人力资源和社会保障部制定的《部分行业企业工伤保险费缴纳办法》的规定，进行工伤保险费缴纳。

（1）建筑施工企业

建筑施工企业可以实行以建筑施工项目为单位，按照项目工程总造价的一定比例，计算缴纳工伤保险费。

（2）小型服务企业

商贸、餐饮、住宿、美容美发、洗浴以及文体娱乐等小型服务企业以及有雇工的个体工商户，可以按照营业面积的大小核定应参保人数,按照所在统筹地区上一年度职工月平均工资的一定比例和相应的费率,计算缴纳工伤保险费;也可以按照营业额的一定比例计算缴纳工伤保险费。

(3)小型矿山企业

小型矿山企业可以按照总产量、吨矿工资含量和相应的费率计算缴纳工伤保险费。

 拓展阅读

依据《国家统计局关于印发统计上大中小微企业划分办法的通知》,部分行业中小微企业划分标准如下。

(1)工业(包括采矿业,制造业,电力、热力、燃气及水生产和供应业)

从业人员1 000人以下或营业收入4亿元以下的为中小微型企业。其中,从业人员300人及以上,且营业收入2 000万元及以上的为中型企业;从业人员20人及以上,且营业收入300万元及以上的为小型企业;从业人员20人以下或营业收入300万元以下的为微型企业。

(2)批发业

从业人员200人以下或营业收入4亿元以下的为中小微型企业。其中,从业人员20人及以上,且营业收入5 000万元及以上的为中型企业;从业人员5人及以上,且营业收入1 000万元及以上的为小型企业;从业人员5人以下或营业收入1 000万元以下的为微型企业。

(3) 零售业

从业人员 300 人以下或营业收入 2 亿元以下的为中小微型企业。其中,从业人员 50 人及以上,且营业收入 500 万元及以上的为中型企业;从业人员 10 人及以上,且营业收入 100 万元及以上的为小型企业;从业人员 10 人以下或营业收入 100 万元以下的为微型企业。

(4) 住宿业

从业人员 300 人以下或营业收入 1 亿元以下的为中小微型企业。其中,从业人员 100 人及以上,且营业收入 2 000 万元及以上的为中型企业;从业人员 10 人及以上,且营业收入 100 万元及以上的为小型企业;从业人员 10 人以下或营业收入 100 万元以下的为微型企业。

(5) 餐饮业

从业人员 300 人以下或营业收入 1 亿元以下的为中小微型企业。其中,从业人员 100 人及以上,且营业收入 2 000 万元及以上的为中型企业;从业人员 10 人及以上,且营业收入 100 万元及以上的为小型企业;从业人员 10 人以下或营业收入 100 万元以下的为微型企业。

43. 工伤认定具体要求

工伤认定问题在劳动关系中至关重要,科学合理地确定工伤认定标准,关系职工权益保障,也直接影响用人单位的利益。规范工伤认定程序，有助于减少由此产生的劳动纠纷，进一步构建和谐的劳动关系，从而促进经济发展和法治社会建设。

（1）工伤认定依据

为规范工伤认定程序，依法进行工伤认定，维护当事人的合法权益，根据《工伤保险条例》的有关规定，人力资源社会保障部制定了《工伤认定办法》，社会保险行政部门进行工伤认定应按照《工伤认定办法》执行。

（2）工伤认定申请时限

职工发生事故伤害或者按照《职业病防治法》规定被诊断、鉴定为职业病，所在单位应当自事故伤害发生之日或者被诊断、鉴定为职业病之日起30日内，向统筹地区社会保险行政部门提出工伤认定申请。遇有特殊情况，经报社会保险行政部门同意，申请时限可以适当延长。

用人单位未在规定的时限内提出工伤认定申请的，受伤害职工或者其近亲属、工会组织在事故伤害发生之日或者被诊断、鉴定为职业病之日起1年内，可以直接按照《工伤认定办法》相关规定提出工伤认定申请。

（3）工伤认定申请材料

按照《工伤认定办法》提出工伤认定申请时，应当填写工伤认定申请表，并提交以下材料：

1）劳动、聘用合同文本复印件或者与用人单位存在劳动关系（包括事实劳动关系）、人事关系的其他证明材料；

2）医疗机构出具的受伤后诊断证明书或者职业病诊断证明书（或者职业病诊断鉴定书）。

（4）工伤认定的受理

社会保险行政部门收到工伤认定申请后，应当在15日内对申请人提交的材料进行审核，材料完整的，作出受理或者不予受理的决定；材料不完整的，应当以书面形式一次性告知申请人需要补正的全部材料。社会保险行政部门收到申请人提交的全部补正材料后，应当在15日内作出受理或者不予受理的决定。

社会保险行政部门决定受理的，应当出具工伤认定申请受理决定书；决定不予受理的，应当出具工伤认定申请不予受理决定书。

（5）工伤认定的调查核实

社会保险行政部门受理工伤认定申请后，可以根据需要对申请人提供的证据进行调查核实。社会保险行政部门进行调查核实，应当由两名以上工作人员共同进行，并出示执行公务的证件。

社会保险行政部门工作人员在工伤认定中，有权进行以下调查核实工作：

1）根据工作需要，进入有关单位和事故现场；

2）依法查阅与工伤认定有关的资料，询问有关人员并作出调查笔录；

3）记录、录音、录像和复制与工伤认定有关的资料。调查核实工作的证据收集参照行政诉讼证据收集的有关规定执行。

（6）工伤认定决定时限

社会保险行政部门应当自受理工伤认定申请之日起60日内作出工伤认定决定，出具认定工伤决定书或者不予认定工伤决定书。

44. 职业病具体类别与目录

为保护劳动者合法职业健康权益，2024年，根据《职业病防治法》有关规定，国家卫生健康委、人力资源社会保障部、国家疾控局、全国总工会联合组织对职业病的分类和目录作了调整，并印发新的《职业病分类和目录》。其中规定了职业性尘肺病及其他呼吸系统疾病、职业性皮肤病、职业性眼病、职业性耳鼻喉口腔疾病、职业性化学中毒、物理因素所致职业病、职业性放射性疾病、职业性传染病、职业性肿瘤、职业性肌肉骨骼疾病、职业性精神和行为障碍、其他职业病等12大类135种职业病，分类如下。

（1）职业性尘肺病及其他呼吸系统疾病

1）尘肺病。尘肺病包括矽肺、煤工尘肺、石墨尘肺、碳黑尘肺、石棉肺、滑石尘肺、水泥尘肺、云母尘肺、陶工尘肺、铝尘肺、电焊工尘肺、铸工尘肺，以及根据《尘肺病诊断标准》和《尘肺病理诊断标准》可以诊断的其他尘肺病。

2)其他呼吸系统疾病。其他呼吸系统疾病包括过敏性肺炎、棉尘病、哮喘、金属及其化合物粉尘肺沉着病(锡、铁、锑、钡及其化合物等)、刺激性化学物所致慢性阻塞性肺疾病、硬金属肺病。

(2)职业性皮肤病

职业性皮肤病包括接触性皮炎、光接触性皮炎、电光性皮炎、黑变病、痤疮、溃疡、化学性皮肤灼伤、白斑,以及根据《职业性皮肤病的诊断总则》可以诊断的其他职业性皮肤病。

(3)职业性眼病

职业性眼病包括化学性眼部灼伤、电光性眼炎、白内障(含三硝基甲苯白内障)。

(4)职业性耳鼻喉口腔疾病

职业性耳鼻喉口腔疾病包括噪声聋、铬鼻病、牙酸蚀病、爆震聋。

（5）职业性化学中毒

职业性化学中毒包括铅及其化合物中毒（不包括四乙基铅），汞及其化合物中毒，锰及其化合物中毒，镉及其化合物中毒，铍病，铊及其化合物中毒，钡及其化合物中毒，钒及其化合物中毒，磷及其化合物中毒，砷及其化合物中毒，砷化氢中毒，氯气中毒，二氧化硫中毒，光气中毒，氨中毒，偏二甲基肼中毒，氮氧化合物中毒，一氧化碳中毒，二硫化碳中毒，硫化氢中毒，磷化氢、磷化锌、磷化铝中毒，氟及其无机化合物中毒，氰及腈类化合物中毒，四乙基铅中毒，有机锡中毒，羰基镍中毒，苯中毒，甲苯中毒，二甲苯中毒，正己烷中毒，汽油中毒，一甲胺中毒，有机氟聚合物单体及其热裂解物中毒，二氯乙烷中毒，四氯化碳中毒，氯乙烯中毒，三氯乙烯中毒，氯丙烯中毒，氯丁二烯中毒，苯的氨基及硝基化合物（不包括三硝基甲苯）中毒，三硝基甲苯中毒，甲醇中毒，酚中毒，五氯酚（钠）中毒，甲醛中毒，硫酸二甲酯中毒，丙烯酰胺中毒，二甲基甲酰胺中毒，有机磷中毒，氨基甲酸酯类中毒，杀虫脒中毒，溴甲烷中毒，拟除虫菊酯类中毒，铟及其化合物中毒，溴丙烷中毒，碘甲烷中毒，氯乙酸中毒，环氧乙烷中毒，以及上述条目未提及的与职业有害因素接触之间存在直接因果联系的其他化学中毒。

（6）物理因素所致职业病

物理因素所致职业病包括中暑、减压病、高原病、航空病、手臂振动病、激光所致眼（角膜、晶状体、视网膜）损伤、冻伤。

（7）职业性放射性疾病

职业性放射性疾病包括外照射急性放射病、外照射亚急性放射病、外照射慢性放射病、内照射放射病、放射性皮肤疾病、放射性肿瘤（含矿工高氡暴露所致肺癌）、放射性骨损伤、放射性甲状腺疾病、放射性性腺疾病、放射复合伤、放射性白内障、铀及其化合物中毒，以及根据《职业性放射性疾病诊断标准（总则）》可以诊断的其他放射性损伤。

（8）职业性传染病

职业性传染病包括炭疽、森林脑炎、布鲁氏菌病、艾滋病（限于医疗卫生人员及人民警察）、莱姆病。

（9）职业性肿瘤

职业性肿瘤包括石棉所致肺癌、间皮瘤，联苯胺所致膀胱癌，苯所致白血病，氯甲醚、双氯甲醚所致肺癌，砷及其化合物所致肺癌、皮肤癌，氯乙烯所致肝血管肉瘤，焦炉逸散物所致肺癌，六价铬化合物所致肺癌，毛沸石所致肺癌、胸膜间皮瘤，煤焦油、煤焦油沥青、石油沥青所致皮肤癌，β-萘胺所致膀胱癌。

（10）职业性肌肉骨骼疾病

职业性肌肉骨骼疾病包括腕管综合征（限于长时间腕部重复作业或用力作业的制造业工人）、滑囊炎（限于井下工人）。

（11）职业性精神和行为障碍

职业性精神和行为障碍包括创伤后应激障碍（限于参与突发事件处置的人民警察、医疗卫生人员、消防救援等应急救援人员）。

（12）其他职业病

其他职业病包括金属烟热，股静脉血栓综合征、股动脉闭塞症或淋巴管闭塞症（限于刮研作业人员）。

> **拓展阅读**
>
> 《职业病防治法》规定的职业病，必须具备以下 4 个条件，缺一不可：
>
> （1）患病主体是企业、事业单位或个体经济组织的劳动者；
>
> （2）必须是在从事职业活动的过程中产生的；
>
> （3）必须是因接触粉尘、放射性物质和其他有毒、有害因素引起的；
>
> （4）必须是国家公布的《职业病分类和目录》中所列的职业病。

45. 劳动能力鉴定具体要求

劳动能力鉴定是工伤保险制度的重要环节。随着工业化进程的加速和工作环境的日益复杂，工伤事故频发，凸显了工伤职工权益保障的紧迫性。为了加强劳动能力鉴定管理，规范鉴定程序，人力资源社会保障部制定了《工伤职工劳动能力鉴定管理办法》。该办法对劳动能力鉴定的具体程序作出了规定。

（1）申请条件

职工发生工伤，经治疗伤情相对稳定后存在残疾、影响劳动能力的，或者停工留薪期满（含劳动能力鉴定委员会确认的延长期限），工伤职工或者其用人单位应当及时向设区的市级劳动能力鉴定委员会提出劳动能力鉴定申请。

因申请领取病残津贴进行劳动能力鉴定的，申请人员或者其用人单位应当向待遇领取地或者最后参保地的设区的市级劳动能力鉴定委员会提出劳动能力鉴定申请。

（2）申请材料

申请劳动能力鉴定应当填写劳动能力鉴定申请表，并提交下列材料：

1）有效的诊断证明、按照医疗机构病历管理有关规定复印或者复制的检查、检验报告等完整病历材料；

2）工伤职工的居民身份证或者社会保障卡等其他有效身份证明原件。

（3）材料审核与鉴定方法

劳动能力鉴定委员会收到劳动能力鉴定申请后，应当及时对申请人提交的材料进行审核；申请人提供材料不完整的，劳动能力鉴定委员会应当自收到劳动能力鉴定申请之日起5个工作日内一次性以书面或者电子形式告知申请人需要补正的全部材料。无正当理由未补正的，视为放弃本次劳动能力鉴定申请。申请人提供材料完整的，劳动能力鉴定委员会应当及时组织鉴定，并在收到劳动能力鉴定申请之日起60日内作出劳动能力鉴定结论。伤情复杂、涉及医疗卫生专业较多的，作出劳动能力鉴定结论的期限可以延长30日。

（4）再次鉴定

工伤职工或者其用人单位对初次鉴定结论不服的，可以在收到该鉴定结论之日起15日内，向省、自治区、直辖市劳动能力鉴定委员会申请再次鉴定。

46. 因工死亡职工供养亲属界定

职工因工死亡，不但给亲人造成巨大的创伤，而且会影响或中断家庭的正常收入来源。为了明确因工死亡职工供养亲属范围，合理安排好工亡职工的善后事宜，保障老有所养、幼有所依、失有所助，原劳动和社会保障部制定的《因工死亡职工供养亲属范围规定》对工亡职工供养亲属范围作出了具体规定。

根据《因工死亡职工供养亲属范围规定》第二条，因工死亡职工供养亲属，是指该职工的配偶、子女、父母、祖父母、外祖父母、孙子女、外孙子女、兄弟姐妹。规定中的子女，包括婚生子女、非婚生子女、养子女和有抚养关系的继子女，其中，婚生子女、非婚生子女包括遗腹子女；规定中的父母，包括生父母、养父母和有抚养关系的继父母；规定中的兄弟姐妹，包括同父母的兄弟姐妹、同父异母或者

同母异父的兄弟姐妹、养兄弟姐妹、有抚养关系的继兄弟姐妹。

拓展阅读

符合《因工死亡职工供养亲属范围规定》中第二条规定的人员，依靠因工死亡职工生前提供主要生活来源，并有下列情形之一的，可按规定申请供养亲属抚恤金：

（1）完全丧失劳动能力的；

（2）工亡职工配偶男年满60周岁、女年满55周岁的；

（3）工亡职工父母男年满60周岁、女年满55周岁的；

（4）工亡职工子女未满18周岁的；

（5）工亡职工父母均已死亡，其祖父、外祖父年满60周岁，祖母、外祖母年满55周岁的；

（6）工亡职工子女已经死亡或完全丧失劳动能力，其孙子女、外孙子女未满18周岁的；

（7）工亡职工父母均已死亡或完全丧失劳动能力，其兄弟姐妹未满18周岁的。

47.非法用工单位一次性赔偿处理要求

在非法用工关系下，劳动者无法认定工伤，如何获得事故伤害赔偿是一个亟待解决的问题。对此，自2011年1月1日起施行的《非法用工单位伤亡人员一次性赔偿办法》详细规定了非法用工伤亡人员可要求一次性赔偿的明确救济途径，具体处理要求如下。

（1）一次性赔偿包括受到事故伤害或者患职业病的职工或童工在

治疗期间的费用和一次性赔偿金。

（2）职工或童工受到事故伤害或者患职业病，在劳动能力鉴定之前进行治疗期间的生活费按照统筹地区上年度职工月平均工资标准确定，医疗费、护理费、住院期间的伙食补助费以及所需的交通费等费用按照《工伤保险条例》规定的标准和范围确定，并全部由伤残职工或童工所在单位支付。

（3）一次性赔偿金按照以下标准支付：一级伤残的为赔偿基数的16倍，二级伤残的为赔偿基数的14倍，三级伤残的为赔偿基数的12倍，四级伤残的为赔偿基数的10倍，五级伤残的为赔偿基数的8倍，六级伤残的为赔偿基数的6倍，七级伤残的为赔偿基数的4倍，八级伤残的为赔偿基数的3倍，九级伤残的为赔偿基数的2倍，十级伤残的为赔偿基数的1倍。

（4）受到事故伤害或者患职业病造成死亡的，按照上一年度全国城镇居民人均可支配收入的20倍支付一次性赔偿金，并按照上一年度全国城镇居民人均可支配收入的10倍一次性支付丧葬补助等其他赔偿金。

拓展阅读

（1）一次性赔偿金数额应当在受到事故伤害或者患职业病的职工或童工死亡或者经劳动能力鉴定后确定。

（2）劳动能力鉴定按照属地原则由单位所在地设区的市级劳动能力鉴定委员会办理。

（3）赔偿基数是指单位所在工伤保险统筹地区上年度职工年平均工资。

48. 社会保险基金先行支付情况与要求

为了维护公民的社会保险合法权益，规范社会保险基金先行支付管理，2011年6月29日，《社会保险基金先行支付暂行办法》由人力资源社会保障部令第15号公布，根据2018年12月14日《人力资源社会保障部关于修改部分规章的决定》修订。该办法不仅规定了申请先行支付的条件、程序和追偿等基本内容和主要流程，而且明确了个人、用人单位、第三人和社会保险经办机构等主体的权利义务。

（1）参加基本医疗保险的职工或者居民（以下简称个人）由于第三人的侵权行为造成伤病的，其医疗费用应当由第三人按照确定的责任大小依法承担。第三人不支付或者无法确定第三人的，在医疗费用结算时，个人可以向参保地社会保险经办机构书面申请基本医疗保险基金先行支付。

（2）个人由于第三人的侵权行为造成伤病被认定为工伤，第三人不支付工伤医疗费用或者无法确定第三人的，个人或者其近亲属可以向社会保险经办机构书面申请工伤保险基金先行支付。

（3）职工所在用人单位未依法缴纳工伤保险费，发生工伤事故的，用人单位应当采取措施及时救治，并按照规定的工伤保险待遇项目和标准支付费用。用人单位未按照相关规定按时足额支付的，社会保险经办机构应当按照《社会保险法》和《工伤保险条例》的规定，先行支付工伤保险待遇项目中应当由工伤保险基金支付的项目。

> **拓展阅读**
>
> 职工被认定为工伤后，有下列情形之一的，职工或者其近亲属可以持工伤认定决定书和有关材料向社会保险经办机构书面申请先行支付工伤保险待遇：
>
> （1）用人单位被依法吊销营业执照或者撤销登记、备案的；
>
> （2）用人单位拒绝支付全部或者部分费用的；
>
> （3）依法经仲裁、诉讼后仍不能获得工伤保险待遇，法院出具中止执行文书的；
>
> （4）职工认为用人单位不支付的其他情形。

49. 辅助器具配置要求

辅助器具配置是工伤保险待遇的重要组成部分，对保障工伤职工的生活和工作具有重要意义。为了规范工伤保险辅助器具配置管理，维护工伤职工的合法权益，根据《工伤保险条例》，人力资源社会保障部等部门联合制定了《工伤保险辅助器具配置管理办法》。

（1）适用范围

工伤职工因日常生活或者就业需要，经劳动能力鉴定委员会确认，配置假肢、矫形器、假眼、假牙和轮椅等辅助器具的，适用该办法。

（2）配置程序

配置程序包括职工申请提交材料、劳动能力鉴定委员会审核、专家组确认、经办机构出具费用核付通知单、职工配置辅助器具、相关费用支付等。

（3）配置管理

人力资源社会保障、民政、卫生健康等行政部门在各自职责范围内负责工伤保险辅助器具配置的有关监督管理工作。同时，配置的辅助器具应当符合相关国家标准或者行业标准。协议机构应当建立工伤职工配置服务档案，并至少保存至服务期限结束之日起两年。

疑难解答

工伤职工向劳动能力鉴定委员会提出辅助器具配置确认申请时，需要同时提交哪些材料？

（1）居民身份证或者社会保障卡等有效身份证明原件；

（2）有效的诊断证明、按照医疗机构病历管理有关规定复印或者复制的检查、检验报告等完整病历材料。

50. 工伤保险个人权益记录管理

为了维护参保人员的合法权益,规范社会保险个人权益记录管理,根据《社会保险法》等相关法律法规的规定,人力资源和社会保障部制定了《社会保险个人权益记录管理办法》,对社会保险个人权益记录的采集和审核等方面作出了明确规定。

(1)采集和审核

社会保险经办机构通过业务经办、统计、调查等方式获取参保人员相关社会保险个人权益信息同时进行核对,并根据业务经办原始资料及时采集社会保险个人权益信息。社会保险经办机构应当建立社会保险个人权益信息采集的初审、审核、复核、审批制度。

(2)保管和维护

社会保险经办机构和信息机构应当配备社会保险个人权益记录保管的场所和设施设备,建立并完善人力资源社会保障业务专网,社会保险个人权益信息的采集、保管和维护等环节涉及的书面材料应当存档备查。

(3)查询和使用

社会保险经办机构应当向参保人员及其用人单位开放社会保险个人权益记录查询程序,界定可供查询的内容,通过社会保险经办机构网点、自助终端或者电话、网站等方式提供查询服务。

(4)保密和安全管理

国家建立社会保险个人权益记录保密制度。同时,要明确系统管理员、数据库管理员、业务经办用户和信息查询用户的职责,实行用户身份认证和权限控制。

> **拓展阅读**
>
> 社会保险个人权益记录包括下列内容：
> (1) 参保人员及其用人单位社会保险登记信息；
> (2) 参保人员及其用人单位缴纳社会保险费、获得相关补贴的信息；
> (3) 参保人员享受社会保险待遇资格及领取待遇的信息；
> (4) 参保人员缴费年限和个人账户信息；
> (5) 其他反映社会保险个人权益的信息。

51. 工伤保险基金行政监督要求

社会保险基金是劳动者的"血汗钱"和"保命钱"。为了保障社会保险基金安全，规范和加强社会保险基金行政监督，根据《社会保险法》和有关法律法规，人力资源社会保障部制定了《社会保险基金行政监督办法》，明确了基金监督主体的相关法律责任，具体内容如下。

（1）监督主体

人力资源社会保障行政部门对基本养老保险基金、工伤保险基金、失业保险基金等人力资源社会保障部门管理的社会保险基金收支、管理情况进行监督。

（2）监督原则

社会保险基金行政监督应当遵循合法、客观、公正、效率的原则。

（3）监督职责

人力资源社会保障行政部门依法履行下列社会保险基金行政监督

职责:

1) 检查社会保险基金收支、管理情况；

2) 受理有关社会保险基金违法违规行为的举报；

3) 依法查处社会保险基金违法违规问题；

4) 宣传社会保险基金监督法律、法规、规章和政策；

5) 法律、法规规定的其他事项。

(4) 监督权限

人力资源社会保障行政部门有权要求被监督单位提供与监督事项有关的资料；有权询问与监督事项有关的单位和个人；有权查阅、记录、复制被监督单位与社会保险基金有关的会计凭证、会计账簿、财务会计报告、业务档案，以及其他与社会保险基金收支、管理有关的数据、资料，有权查询被监督单位社会保险信息系统的用户管理、权限控制、数据管理等情况。

（5）监督实施

社会保险基金行政监督的检查方式包括现场检查和非现场检查。人力资源社会保障行政部门对通过社会保险基金行政监督检查发现、上级部门交办、举报、媒体曝光、社会保险经办机构移送等渠道获取的违法违规线索，应当查处，进行调查并依法作出行政处理、处罚决定。

第7章 工伤保险相关标准规范

52. 职工工伤与职业病致残判断依据

职工工伤与职业病致残判断依据是确定工伤职工伤残等级和相应工伤保险待遇的重要基础。这一判断依据主要源于《劳动能力鉴定 职工工伤与职业病致残等级》(GB/T 16180—2014),该标准为工伤致残的评定提供了明确而规范的指导,具体内容如下。

(1)综合判断

依据工伤致残者于评定伤残等级技术鉴定时的器官损伤、功能障碍及其对医疗与日常生活护理的依赖程度,适当考虑由于伤残引起的社会心理因素影响,对伤残程度进行综合判定分级。

(2)器官损伤

器官损伤是工伤的直接后果,但职业病不一定有器官缺损。

（3）功能障碍

工伤后功能障碍的程度与器官缺损的部位及严重程度有关，职业病所致的器官功能障碍与疾病的严重程度相关。对功能障碍的判定，应以评定伤残等级技术鉴定时的医疗检查结果为依据，根据评残对象逐个确定。

（4）医疗依赖

1）特殊医疗依赖：工伤致残后必须终身接受特殊药物、特殊医疗设备或装置进行治疗。

2）一般医疗依赖：工伤致残后仍需接受长期或终身药物治疗。

（5）生活自理障碍

1）生活自理范围主要包括下列5项。

①进食：完全不能自主进食，需依赖他人帮助。

②翻身：不能自主翻身。

③大小便：不能自主行动，排大小便需依靠他人帮助。

④穿衣、洗漱：不能自己穿衣、洗漱，完全依赖他人帮助。

⑤自主行动：不能自主走动。

2）生活自理障碍程度分如下3级。

①完全生活自理障碍：生活完全不能自理，上述5项均需护理。

②大部分生活自理障碍：生活大部分不能自理，上述5项中3项或4项需要护理。

③部分生活自理障碍：生活部分不能自理，上述5项中1项或2项需要护理。

53. 职工工伤与职业病致残等级定级原则

职工工伤与职业病致残等级定级原则是判定工伤职工伤残程度并保障其合法权益的重要依据。这一原则体现了对工伤职工进行全面、客观、公正评估的精神，旨在确保他们能够获得与伤残等级相匹配的工伤保险待遇和社会支持。职工工伤与职业病致残等级定级原则见表 7-1。

表 7-1 职工工伤与职业病致残等级定级原则

等级	判别标准
一级	器官缺失或功能完全丧失，其他器官不能代偿，存在特殊医疗依赖，或完全或大部分或部分生活自理障碍
二级	器官严重缺损或畸形，有严重功能障碍或并发症，存在特殊医疗依赖，或大部分或部分生活自理障碍
三级	器官严重缺损或畸形，有严重功能障碍或并发症，存在特殊医疗依赖，或部分生活自理障碍
四级	器官严重缺损或畸形，有严重功能障碍或并发症，存在特殊医疗依赖，或部分生活自理障碍或无生活自理障碍
五级	器官大部缺损或明显畸形，有较重功能障碍或并发症，存在一般医疗依赖，无生活自理障碍
六级	器官大部缺损或明显畸形，有中等功能障碍或并发症，存在一般医疗依赖，无生活自理障碍
七级	器官大部缺损或畸形，有轻度功能障碍或并发症，存在一般医疗依赖，无生活自理障碍
八级	器官部分缺损，形态异常，轻度功能障碍，存在一般医疗依赖，无生活自理障碍

续表

等级	判别标准
九级	器官部分缺损,形态异常,轻度功能障碍,无医疗依赖或者存在一般医疗依赖,无生活自理障碍
十级	器官部分缺损,形态异常,无功能障碍或轻度功能障碍,无医疗依赖或者存在一般医疗依赖,无生活自理障碍

54. 职业病诊断基本原则和通用要求

《职业病诊断通则》(GBZ/T 265—2014)规定了职业病诊断的基本原则和通用要求,确保了诊断过程的科学性和准确性。其中,职业病诊断通用要求主要包括疾病认定原则、职业病危害因素判定原则以及因果关系判定原则等方面。

(1)疾病认定原则

1)疾病是指在病因作用下机体出现自稳调节紊乱,并引发一系列代谢、功能或结构变化的异常状态,其临床表现和相应的辅助检查是判定有无疾病及其严重程度的主要依据。

2）应遵照循证医学的要求做好诊断与鉴别诊断。

（2）职业病危害因素判定原则

1）根据生产工艺、工作场所职业病危害因素检测等资料,判定工作场所是否存在职业病危害因素及其种类和名称。

2）依据劳动者接触工作场所职业病危害因素的时间和方式、职业病危害因素的浓度（强度）,参考工作场所工程防护和个人防护等情况,判断劳动者可能的累积接触水平。

3）应将工作场所职业病危害因素检测结果或生物监测结果与工作场所有害因素职业接触限值进行比较,并估计机体接触职业病危害因素的程度。

（3）因果关系判定原则

1）时序性原则。职业病一定是发生在接触职业病危害因素之后,并符合致病因素所致疾病的生物学潜伏期和潜隐期的客观规律。

2）生物学合理性原则。职业病危害因素与职业病的发生存在生物学上的合理性,即职业病危害因素的理化特性、毒理学资料或其他特性能证实该因素可导致相应疾病,且疾病的表现与该因素的健康效应一致。

3）生物学特异性原则。职业病危害因素与职业病的发生存在生物学上的特异性,即特定的职业病危害因素通过引起特定靶器官的病理损害而致病,多累及一个靶器官或以一个靶器官为主。

4）生物学梯度原则。多数职业病与职业病危害因素接触之间存在剂量-效应和（或）剂量-反应关系,即接触的职业病危害因素应达到一定水平才可能引起疾病的发生；接触水平越高、接触时间越长，疾病的发病率越高或病情越严重。职业病危害因素对疾病的发生、发展影响越大，疾病与接触之间因果关系的可能性就越大。

5）可干预性原则。对接触的职业病危害因素采取干预措施，可有效地防止职业病的发生、延缓疾病的进展或使疾病向着好的方向转归。如消除或减少工作场所或职业活动中的职业病危害因素，可预防和控制相应疾病的发生或降低发病率，许多职业病患者在脱离原工作场所后，经积极治疗，疾病可好转、减轻甚至消失。

55. 个体防护装备配备原则

《个体防护装备配备规范 第1部分：总则》（GB 39800.1—2020）规定了个体防护装备配备的总体要求，包括配备原则、配备流程、作业场所危害因素的辨识和评估、个体防护装备的选择、追踪溯源、判废和更换、培训和使用等。这些要求旨在确保用人单位为作业人员提供的个体防护装备符合国家标准或行业标准，能够有效防护作业场所中的职业性危害因素，且不会对作业人员造成额外的风险。这不仅关乎作业人员的生命安全和身体健康，也是用人单位履行安全生产责任的重要组成部分。

（1）作业场所中存在职业性危害因素和危害风险时，用人单位应为作业人员配备符合国家标准或行业标准的个体防护装备。

（2）用人单位为作业人员配备的个体防护装备应与作业场所的环境状况、作业状况、存在的危害因素和危害程度相适应，应与作业人员相适合，且个体防护装备本身不应导致其他额外的风险。

（3）用人单位配备个体防护装备时，应在保证有效防护的基础上，兼顾舒适性。

（4）需要同时配备多种个体防护装备时，应考虑使用的兼容性和功能替代性，确保防护有效。

（5）用人单位应对其使用的劳务派遣工、临时聘用人员、接纳的实习生和允许进入作业地点的其他外来人员进行个体防护装备的配备及管理。

（6）用人单位应在本部分基础上结合所在行业个体防护装备配备国家标准进行个体防护装备的配备及管理；无所在行业个体防护装备配备国家标准时，应按照相关要求进行个体防护装备的配备及管理。

56. 工伤保险经办服务内容

《工伤保险经办服务规范》（LD/T 04—2021）规定了工伤保险经办服务中参保缴费服务、工伤预防服务、工伤认定与劳动能力鉴定、协议机构管理和费用结算、工伤医疗服务、工伤康复服务、工伤辅助器具配置服务、个人工伤待遇审核与支付服务、基金管理、权益记录与档案查询服务、服务质量评价，以及主要业务表单（资料性附录）等内容。

（1）参保缴费服务

1）工伤保险参保登记服务：社会保险经办机构按规定为统筹地区内的用人单位及其参保职工办理建立、变更或注销工伤保险关系服务等。

2）工伤保险缴费基数核定与工伤保险费率确定：社会保险经办

机构确认职工人数、工资总额后，为用人单位核定当期缴费基数，并根据用人单位登记时确定的行业风险类别和相关政策，核定其工伤保险初次缴费的基准费率。

3）工伤保险费征收：社会保险费征收机构根据相关规定核定金额并收款后向社会保险经办机构传送到账信息，转交相关收款凭证。

（2）工伤预防服务

1）工伤预防项目受理：行业协会和大中型企业等社会组织于工伤预防项目申报期内，申报下一年拟开展的工伤预防项目。社会保险行政部门受理本地工伤预防项目申报，对申报单位提交的可行性报告、实施方案、绩效目标等材料进行审核，对符合申报条件的确定为工伤预防项目遴选名单。

2）工伤预防项目评估验收与结算：行业协会和大中型企业等社会组织直接实施的项目，由人力资源社会保障部门组织第三方中介机构或聘请相关专家对项目实施情况和绩效目标实现情况进行评估验收，形成评估验收报告。随后填写工伤预防项目费结算申请表，并向社会保险经办机构提供合法有效的结算票据、批复文件、总结报告、项目评估验收报告等所需要的结算材料。

（3）工伤认定与劳动能力鉴定

工伤认定按照《工伤认定办法》《工伤职工劳动能力鉴定管理办法》和《劳动能力鉴定 职工工伤与职业病致残等级》（GB/T 16180—2014）执行。

（4）协议机构管理与费用结算

1）协议机构管理：社会保险经办机构应与符合条件的医疗机构、康复机构、辅助器具配置机构签订工伤服务协议，由社会保险经办机构向社会公告，录入信息系统并进行维护，定期公布协议机构名单。

2）费用结算：工伤保险协议机构履约、救治、费用支出及服务情况由社会保险经办机构依据相关监督管理考核办法和协议约定进行网络监管和实地检查考核。

（5）工伤医疗服务

1）医疗服务：职工发生工伤后，在工伤保险协议医疗机构就医，情况紧急时职工可以先到就近的医疗机构急救。因紧急情况就近就医的，待病情稳定后转到协议医疗机构，由协议医疗机构继续提供治疗服务。

2）异地就医：职工在参保地以外发生工伤的，优先由事故发生地工伤保险协议医疗机构进行治疗服务，参保单位需要及时向社会保险经办机构报告工伤职工的伤情及救治医疗机构情况，并待伤情稳定后转回参保地工伤保险协议医疗机构继续治疗。已开通异地联网结算的地区，可直接进行结算。

（6）工伤康复服务

工伤职工需要进行身体机能、心理康复或职业训练的，应由工伤保险协议机构提出康复治疗方案，包括康复治疗项目、时间、预期效果和治疗费用等内容，用人单位、工伤职工或其近亲属提出申请，填写工伤职工康复申请表，报社会保险经办机构批准。因康复条件所限需要转院统筹区外康复的，由工伤康复服务协议机构提出，经社会保险经办机构审核同意后，交通、食宿、住院伙食补助费等按照国家有关规定办理支付。

（7）工伤辅助器具配置服务

工伤职工需要配置（更换）辅助器具的，由社会保险经办机构按照相关规定核准，由工伤职工选定的工伤保险协议机构提供配置。辅助器具配置费用由社会保险经办机构根据工伤保险辅助器具配置服务协议机构提供的配置服务记录，包括工伤职工信息、配置器具产品信息、最高支付限额、最低使用年限、实际配置费用等内容，按照工伤保险辅助器具配置目录有关规定支付。

（8）个人工伤待遇审核与支付服务

1）工伤待遇审核服务：社会保险经办机构收到职工及其直系亲属或者用人单位关于工伤医疗、康复、辅助器具配置费用、伤残、工亡、先行支付等待遇申请后，核准享受待遇人员的身份并通过信息系统核查职工参保缴费信息、工伤认定信息、劳动能力鉴定信息，按规定确认待遇享受资格。

2）工伤待遇支付服务：社会保险经办机构业务部门根据工伤待

遇、待遇调整、待遇审核等相关信息，建立工伤职工待遇支付台账，生成工伤保险基金支出核定汇总表，转财务部门。

（9）基金管理

1）收入信息与支出信息管理：社会保险经办机构根据财政部门提供的银行进账单和税务部门提供的到账情况，确认用人单位征缴收入信息。社会保险经办机构于每月月末根据基金支出计划制定下月用款计划，填制工伤保险基金使用申请表报同级财政部门审核，并确认资金到账情况。社会保险经办机构对传来的支付凭证复核无误后及时办理支付。

2）预算信息与决算信息：社会保险经办机构综合考虑本年度预算执行情况、经济社会发展水平以及工作计划等因素，编制下年度工伤保险基金预算草案、预算调整方案，按规定程序报批后执行。社会保险经办机构年末按照规定编制年度工伤基金决算草案，报同级工伤保险行政部门审核汇总。经统筹地区财政部门审核并汇总编制，会同工伤保险行政部门报本级人民政府审定后，报同级人大常务委员会审查和批准。

（10）权益记录与档案查询服务

1）权益记录：社会保险经办机构根据《社会保险个人权益记录管理办法》的规定，对工伤保险个人权益信息进行采集和审核记录、保管和维护、保密和安全管理。每年至少一次将参保职工的个人权益记录提供给本人，或通过"国家社会保险公共服务平台"等公共服务渠道提供相关网上查询服务。社会保险经办机构协调税务部门按照及时、完整、准确、安全、保密的管理原则，记载用人单位、参保职工登记信息和缴费情况，工伤职工和供养亲属享受工伤待遇情况，以及其他反映社会保险个人权益的信息。

2）档案查询服务：应按照《社会保险业务档案管理规范》（GB/T 31599—2015）的要求执行。

（11）服务质量评价

服务质量评价应参照《社会保险服务　总则》（GB/T 27768—2011）的要求执行。

57.社会保险网上经办服务内容

社会保险网上经办服务内容主要包括网上预约、网上查询、网上应用、网上经办、咨询投诉以及信息公开6个方面。

（1）网上预约

社会保险经办机构可通过网上服务系统为参保单位和参保人预约经办服务中心和窗口服务，服务内容如下。

1）为参保单位和参保人提供预约服务事项、预约日期及时间范围、取消预约的选择，日期宜从第2日起始的一周内；

2）网上服务系统在收到预约申请后，应及时给予是否成功的提示，并可通过平台消息、短信或即时通信类应用等方式进行服务提醒；

3）经办服务中心可根据实际情况安排提供预约服务的专属窗口。

（2）网上查询

1）社会保险经办机构可通过网上服务系统为参保单位和参保人提供服务事项信息查询服务，包括但不限于：①服务事项申请信息，包括申请编号、申请事项、申请材料、申请时间、申请人等；②服务事项办理信息，包括受理时间、受理部门、办理进度、办理结果等。

2）社会保险经办机构可通过网上服务系统为参保单位和参保人提供社会保险权益信息的查询服务，包括但不限于：①参保单位和参保人社会保险登记信息；②参保单位和参保人缴纳社会保险费信息；③参保人缴费年限和个人账户信息；④参保人社会保险关系转移接续信息；⑤参保人享受社会保险待遇资格及领取待遇信息。

（3）网上应用

1）社会保险经办机构根据网上经办服务事项的清单，为参保单位和参保人提供网上经办服务，经办流程包括：①参保单位和参保人登录网上服务系统，选择服务事项，填写申请信息，上传办理要件；②社会保险经办机构受理申请、依法依规进行业务经办；③已经办结的或未能办结的，社会保险经办机构应通过平台消息或短信、即时通信类应用等方式告知受理结果，包含受理完成情况或未通过的原因；④社会保险经办机构应为参保单位和参保人提供记载业务处理结果的电子凭据。

2）社会保险经办机构应在网上服务系统提供业务办理的操作引导和在线帮助，对于有风险的业务办理应给予警告提示，并设置确认环节。

3）社会保险经办机构可通过人力资源社会保障部社会保障卡服务平台或协议服务银行等第三方支付平台为参保单位或参保人提供待遇申领等服务。

4）有条件的社会保险经办机构应按规定要求参保单位或参保人在办理要件上加盖电子印章或进行电子签名。服务事项办结后，应在需出具的业务处理单上加盖电子印章。

5)社会保险经办机构应对网上经办服务形成的纸质和电子档案进行搜集、整理、归档,应符合《社会保险业务档案管理规范》(GB/T 31599—2015)中的规定。

6)社会保险经办机构应推动网上服务事项所需的政务信息共享使用,推进办理要件的标准化与影像化。

(4)网上经办

1)注册登录。①社会保险经办机构应通过统一的身份认证体系为参保单位和参保人提供网上经办服务。②网上服务系统应提供注册向导,有条件的可提供影像、视频采集和注册信息关联验证功能。③社会保险经办机构为参保单位提供注册登录网上服务系统的方式,包括但不限于:依据参保单位基本信息注册账号,设置密码,使用账号和密码登录;使用经授权的认证服务机构创建和分配的数字证书,设置密码登录。④社会保险经办机构为参保人提供注册登录网上服务系统的方式，包括但不限于：填写参保人基本信息实名注册账号，设置密码，使用账号和密码登录；通过识别电子社会保障卡完成注册和登录；通过经授权的第三方服务平台账号接入，设置密码登录。⑤网上服务事项需本人办理时，网上服务系统应提供实名认证功能，通过电子社会保障卡、生物识别认证、数字证书认证或信息关联认证等方式识别为本人办理。

2）下载打印。①社会保险经办机构应通过网上服务系统为参保单位和参保人提供下载和打印服务，下载和打印的内容分为社会保险办理凭证类和社会保险权益证明类。②社会保险办理凭证类包括但不限于：参保单位和参保人办理服务事项的受理通知单；参保单位和参保人办理服务事项的结果告知单；参保人转移接续社会保险关系的缴费凭证。③社会保险权益证明类包括但不限于：参保单位和参保人的参保证明；参保单位和参保人的缴费权益记录；参保人享受社会保险待遇的明细。④社会保险经办机构对网上服务系统下载和打印的凭证和证明，应加盖电子印章、标示电子防伪码，并提供验证真伪的渠道。

3）经办服务。社会保险经办机构通过网上服务系统为参保人提供业务经办服务，包括但不限于：①参保人享受社会保险待遇的资格认证；②参保人办理关系转移接续业务；③参保人申请境外社会保险免缴证明；④参保人享受基本养老保险待遇测算服务；⑤参保人查询社会保障卡应用状态。

4）信息推送。社会保险经办机构应通过统一的信息推送平台，实现与参保单位经办人和参保人之间点对点个性化信息服务，主动推送的信息包括但不限于：①社会保险政策调整、办理流程变化、办理时间、办理进度、结果告知等提示信息；②基本信息更改、缴费信息变动、账户更新、待遇支付等权益信息。

（5）咨询投诉

1）社会保险经办机构应通过网上服务系统设置网上信箱、平台留言功能，为参保单位和参保人提供咨询、建议与投诉等服务。网上咨询服务的提供应符合《社会保险咨询服务规范》（GB/T 34276—2017）中的规定。

2）社会保险经办机构宜通过网上服务系统提供在线互动服务。

3）社会保险经办机构对于在网上服务系统提出的咨询、建议，应及时给予答复。

4）社会保险经办机构应定期整理、归纳咨询问题台账，完善社会保险业务知识库，逐步实现全智能客服应答。

5）社会保险经办机构应完善投诉举报受理机制，对于在网上服务系统提交的投诉与举报信息，应主动联系投诉人，回复处理时限，反馈处理结果。

6）社会保险经办机构在确保信息安全前提下，可通过受众度高的互动平台，为参保单位和参保人提供更为便捷的咨询投诉服务。

（6）信息公开

1）社会保险经办机构应在网上服务系统与政务网站同源发布办理依据类信息。

2）社会保险经办机构应在网上服务系统发布经办流程类信息。

3）社会保险经办机构应在网上服务系统发布信用管理类信息。

58. 职工伤亡经济损失计算方法

（1）经济损失计算公式：

$$E = E_d + E_i \qquad (7\text{-}1)$$

式中：E——经济损失，万元；

E_d——直接经济损失，万元；

E_i——间接经济损失，万元。

（2）工作损失价值计算公式：

$$V_W = D_L \cdot \frac{M}{SD} \qquad (7\text{-}2)$$

式中：V_W——工作损失价值，万元；

D_L——一起事故的总损失工作日数，死亡一名职工按 6 000 个工作日计算，受伤职工视伤害情况按《企业职工伤亡事故分类》（GB 6441—1986）的附表确定，日；

M——企业上年税利（税金加利润），万元；

S——企业上年平均职工人数，人；

D——企业上年法定工作日数，日。

（3）固定资产损失价值按下列情况计算：

1）报废的固定资产，以固定资产净值减去残值计算；

2）损坏的固定资产，以修复费用计算。

（4）流动资产损失价值按下列情况计算：

1）原材料、燃料、辅助材料等均按账面值减去残值计算；

2）成品、半成品、在制品等均以企业实际成本减去残值计算。

（5）事故已处理结案而未能结算的医疗费、歇工工资等，采用测算方法计算。

1）医疗费测算公式：

$$M = M_b + \frac{M_b}{P} \cdot D_c \quad (7-3)$$

式中：M——被伤害职工的医疗费，万元；

M_b——事故结案日前的医疗费，万元；

P——事故发生之日至结案之日的天数，日；

D_c——延续医疗天数，指事故结案后还需要继续医治的时间，由企业劳资、安全、工会等按医生诊断意见确定，日。

注：上述公式是测算一名被伤害职工的医疗费，一次事故中多名被伤害职工的医疗费应累计计算。

2）歇工工资测算公式：

$$L = L_q (D_a + D_k) \quad (7-4)$$

式中：L——被伤害职工的歇工工资，元；

L_q——被伤害职工日工资，元；

D_a——事故结案日前的歇工日，日；

D_k——延续歇工日，指事故结案后被伤害职工还需要继续歇工的时间，由企业劳资、安全、工会等与有关单位酌情商定，日。

注：上述公式是测算一名被伤害职工的歇工工资，一次事故中多名被伤害职工的歇工工资应累计计算。

（6）对分期支付的抚恤、补助等费用，按审定支出的费用，从开始支付日期累计到停发日期。抚恤、补助等费用的停发日期为：①被伤害职工供养未成年直系亲属抚恤费累计统计到16周岁（普通中学在校生累计到18周岁）；②被伤害职工供养成年直系亲属补助费、抚恤费累计统计到我国人口的平均寿命68周岁。

（7）停产、减产损失，按事故发生之日起到恢复正常生产水平时止，计算其损失的价值。

> **拓展阅读**
>
> （1）直接经济损失的统计范围
>
> 1）人身伤亡后所支出的费用，包括：①医疗费用（含护理费用）；②丧葬及抚恤费用；③补助及救济费用；④歇工工资。
>
> 2）善后处理费用，包括：①处理事故的事务性费用；②现场抢救费用；③清理现场费用；④事故罚款和赔偿费用。
>
> 3）财产损失价值，包括：①固定资产损失价值；②流动资产损失价值。
>
> （2）间接经济损失的统计范围
>
> 间接经济损失的统计范围包括：①停产、减产损失价值；②工作损失价值；③资源损失价值；④处理环境污染的费用；⑤补充新职工的培训费用；⑥其他损失费用。

注册消防工程师资格考试辅导用书

消防安全技术综合能力考前冲刺试卷

2023年版

朱军　罗成　主编

中国劳动社会保障出版社

欢迎使用微信扫描二维码，
关注"火焰蓝消防课堂"微信公众号

通过关注微信公众号，您将获得更多考试资讯。

通过进入微信公众号关联的微信小程序，您将获得以下资源：

①丰富试题免费做（历年试题、考前套题、同步习题及解析）

②精品微课免费听（名师导学课和备考攻略课）

③入门直播限量约（免费公开课周周有）

④电子书优惠享用（口袋书超低价购买，畅享移动阅读）

⑤专属顾问做服务（班主任1对1尊享服务）

您也可以在手机应用市场查询并下载安装"火焰蓝消防课堂"App，进行多平台同步学习。